（第2版）

市场营销基本技能

就业技能培训教材

人力资源社会保障部职业培训规划教材
人力资源社会保障部教材办公室评审通过

主　编　秦永良
副主编　籍　欣

中国劳动社会保障出版社

图书在版编目（CIP）数据

市场营销基本技能／秦永良主编. -- 2版. -- 北京：中国劳动社会保障出版社，2020

ISBN 978-7-5167-4356-0

Ⅰ. ①市… Ⅱ. ①秦… Ⅲ. ①市场营销学-职业教育-教材 Ⅳ. ①F713.50

中国版本图书馆 CIP 数据核字（2020）第 043988 号

中国劳动社会保障出版社出版发行

（北京市惠新东街 1 号 邮政编码：100029）

*

北京市艺辉印刷有限公司印刷装订 新华书店经销

880 毫米×1230 毫米 32 开本 4.5 印张 90 千字

2020 年 4 月第 2 版 2023 年 1 月第 2 次印刷

定价：12.00 元

营销中心电话：400-606-6496

出版社网址：http://www.class.com.cn

前　言

国务院《关于推行终身职业技能培训制度的意见》提出，要围绕就业创业重点群体，广泛开展就业技能培训。为促进就业技能培训规范化发展，提升培训的针对性和有效性，人力资源社会保障部教材办公室对原职业技能短期培训教材进行了优化升级，组织编写了就业技能培训系列教材。本套教材以相应职业（工种）的国家职业技能标准和岗位要求为依据，力求体现以下特点：

全。教材覆盖各类就业技能培训，涉及职业素质类，农业技能类，生产、运输业技能类，服务业技能类，其他技能类五大类。

精。教材中只讲述必要的知识和技能，强调实用和够用，将最有效的就业技能传授给受培训者。

易。内容通俗，图文并茂，引入二维码技术提供增值服务，易于学习。

本套教材适合于各类就业技能培训。欢迎各单位和读者对教材中存在的不足之处提出宝贵意见和建议。

人力资源社会保障部教材办公室

内 容 简 介

本书是市场营销基本技能就业技能培训教材，主要从理论与实践两方面介绍了营销人员应该掌握的基础知识与基本技能。本书主要内容包括营销的基本概念、市场的分类及特点、营销方案与营销策略、传销的特点及危害、营销人员的素质与能力、营销实务等。

读者可扫描封底的二维码免费查看相关资源，以便更好地掌握市场营销基本技能。

目　录

引 言

营销工作最忌讳不讲方法、墨守成规。不讲方法使人们永远找不到正确的路；墨守成规使工作缺乏创新，使人们形成思维的惰性，积极性难以激发。

对从事营销的基层业务人员来说，学习市场营销技能有以下几点意义：

一是建立良好的人际关系。营销人员的日常工作就是与人打交道，要想使营销对象接受自己的产品，就必须使其先接受自己。良好的人际关系是营销成功的前提条件。学习营销技能，能够提高营销人员的综合素质，教给其人际交往的知识，从而使营销人员在处理人际关系方面如鱼得水，获得较好的人缘。

二是提高工作技巧。通过基本能力和业务技能的培训，营销人员的组织能力、交际能力、表达能力和应变能力都会产生一个飞跃，工作起来会更加得心应手。

三是改变心态。营销行业的成功人士，大都具备许多优秀的品质，如不怕吃苦、百折不挠、勇于进取、积极向上。通过营销培训，营销人员可以养成积极向上、不怕挫折、乐观豁达的心态，从而具备职业成功的内在条件。

四是开启个人发展的成功之门。营销工作是非常锻炼人且富有吸引力的。成功的营销人员不一定都具备高学历，只要有恒心和毅力，就会取得成功。国内外有不少成功的营销大师，都是白手起家的典范。

本书内容既包括市场营销的理论和策略，又有具体的实务操作。全书是一个有机整体，各单元又具有相对独立性。读者在学习本书的过程中，应将学习基本理论、基本知识、基本方法与分析、解决实际问题结合起来，深刻领会教材内容，从而提高运用知识分析问题和解决问题的能力，最终将知识转化为能力。

第1单元

走进市场，走进营销

本单元重点：

- 市场和市场营销的概念
- 市场营销观念的演变及市场营销趋势
- 营销、促销、推销、传销、直销的区别
- 宏观营销环境和微观营销环境的含义
- 营销战略和营销策略

刚刚跨入营销行业的业务人员，应该了解与本行业相关的基本概念和常用术语。本单元将简要介绍一些基本的概念和常用术语，如市场、市场营销、促销、推销、传销、直销等。除此之外，本单元还将简要介绍营销环境和营销策略的相关内容。

模块一　市场和市场营销

一、市场

从市场营销的角度来看，市场指的是具有特定的需求或欲望，而且愿意并能够通过交换来满足这种需求或欲望的全部潜在顾客。

从这个概念出发，市场由人口、购买力和购买欲望三个要素组成。用公式表示即为：

市场=人口+购买力+购买欲望

市场主要分为个人消费者市场和组织市场。例如，市场上同一型号的两台计算机，一台被一位母亲买去给孩子使用，另一台被一家企业作为办公用品购买。虽然购买的是同样的商品，但由于购买目的、购买需求等不同，在市场营销中便分属于两类不同的市场，即个人消费者市场和组织市场。

1. 个人消费者市场

个人消费者市场由为满足个人需要购买和取得商品或劳务的全部个人与家庭构成。上例中提到的那位母亲就属于个人消费者市场中的一员。

2. 组织市场

组织市场则由那些为维持经营活动，对产品进行再加工、转售，或向社会提供服务的工商企业、政府机构及各种社会团体组成。例如，购买毛线生产毛衣的针织厂便是组织市场上的购买者。

组织市场通常又进一步分为产业市场、中间商市场、非营利组织市场和政府市场四类。其中产业市场是组织市场中最常见且非常重要的一类。产业市场包括各种生产和服务行业的企业，如农业、林业、矿产业、制造业、建筑业、通信业、公用事业、银行、保险及其他服务性产业的企业。

组织市场的分类及特点在第 2 单元中会详细讲述。

二、市场营销

市场营销指的是企业或个人为实现经营目标，对市场的需求进行研究，以满足人们的需求为核心而进行的市场调研、目标市场选择、产品与服务开发、产品促销等活动。广义的市场营销（活动）可定义为：市场营销是从卖方的立场出发，以买方为对象，在不断变化的市场环境中，以满足一切现实的和潜在的顾客的需要为中心，提供和引导商品或劳务到达顾客手中，同时企业也获取利润的经营活动。接下来进一步了解一下营销观念和市场营销趋势。

1. 营销观念

营销观念是指企业从事营销活动的指导思想。现代市场营销观念的核心是：为满足顾客需要而进行企业经营活动，简单说就是顾客需求导向。

小知识

市场营销学三个特点

（1）市场营销是以满足顾客的需求为中心的。

（2）市场营销是站在企业的角度对顾客的研究。

（3）市场营销是一种综合性的经营管理活动。

随着市场经济的不断发展，人们的营销观念也在不断地进化和演变。营销观念的变化主要经历了以下几个阶段。

（1）生产观念阶段。这种观念是在卖方市场条件下产生的一种营销观念。在卖方市场下，产品供不应求，不愁没销路。消费者的注意力只集中在是否买得起产品上。因此，企业以生产为中心，集中力量生产以满足消费者的需求。持有这种观念的企业以提高生产效率、扩大生产和降低成本为重点。这种观念只适用于商品经济不发达、供不应求的市场。

美国福特公司在 20 世纪 20 年代以前，奉行的就是典型的生产观念。那时福特公司的口号是“本公司旨在生产汽车”。公司根本不理会顾客需要什么，生产出来的汽车只有一个款式，一个颜色——黑色。由于当时汽车供不应求，加上福特汽车价格相对低廉，市场需求量很大，所以清一色的黑色福特汽车卖得也非常好。

（2）产品观念阶段。随着供不应求的市场矛盾在西方社会得到一定缓和，卖方竞争逐步激烈，产品观念应运而生。产品观念的核心依然是生产，但与生产观念略有不同。生产观念注重“价廉”，而产品观念注重“物美”。这种观念下，企业认为只要产品质量好，就不愁没销路。因此，企业集中精力生产优质产品，不断提升产品质量。他们往往忽视了顾客需求的多样性和变化性，不会主动抓住市场机会，不讲究销售方式。“酒香不怕巷子深”就是对这种观念的生动描述。

（3）推销观念阶段。随着科技以及管理的进步，市场上的产品质量不断提高，商品数量不断增加，逐渐出现供大于求的现象；同时由于人们生活水平不断提高，出现了多样化的需求，产品在市场上的竞争变得越来越激烈，迫使企业开始思考改变销售方式。于是，生产观念与产品观念向推销观念演变。

推销观念认为，即使产品物美价廉，也未必能找到销路。商品是“卖出去”的而不是“被买去”的，企业要在激烈的市场竞争中生存下来，就必须大力开展推销工作。在推销观念的影响下，企业把销售看作经营活动的核心，往往以强化或高压的推销手段来销售那些销路不畅的产品。但这仍然是建立在以企业为中心的“以产定销”基础上的，企业不了解消费者的需求，也不去征询消费者的需求，甚至为了争夺顾客而采取欺骗的行为，招致顾客的不满。尽管推销观念存在很多问题，但是它在客观上提高了销售在企业经营活动中的位置，销售从此成为企业经营的重要活动之一。

（4）市场营销观念阶段。当企业花费大量的资源推销产品而成效不显著时，企业开始意识到自己提供的东西并不是顾客真正需要的，于是企业开始关注市场的需求，市场营销观念应运而生。这是一种全新的经营理念，也是企业经营思想的一次革新。它是在买方市场条件下形成的，是以顾客需求为中心的营销观念。简而言之，就是“顾客需要什么，企业就生产和销售什么”。

市场营销观念认为，实现企业各项目标的关键在于正确地认识目标市场的需求，并且比竞争者更快更有效地满足需求。市场营销观念把满足顾客需求作为一切活动的中心，通过顾客广泛购买和重复购买来扩大销量，增加利润。

典型案例：

海尔“地瓜洗衣机”

海尔“地瓜洗衣机”的发明就是市场营销观念的一个典型例子。1996年，一位四川农民突发奇想：洗衣机能洗衣服，为什么不能洗地瓜呢？

于是他就用洗衣机洗起了地瓜。结果地瓜洗干净了，洗衣机的排水管却被泥土堵上了。维修人员修好了洗衣机。农民感激地说：“要是能有洗地瓜的机器就好了。”

维修人员回到公司，把这事当笑话讲了出来，公司的管理层却因此受到启发。时任海尔公司 CEO 张瑞敏对科研人员说：“满足用户需求，是产品开发的出发点与目的。我们要开发出一个全新的市场。”经过研究，海尔“地瓜洗衣机”诞生了。它不仅具有一般双筒洗衣机的全部功能，还可以洗地瓜和水果。“地瓜洗衣机”在市场上受到热烈的追捧。随后，海尔又根据不同地方的需求，相继开发了“沙漠型空调器”“耐寒空调器”“节水型洗衣机”等。

（5）社会市场营销观念阶段。从 20 世纪 70 年代起，随着全球环境破坏、资源短缺等问题日益严重，以迎合顾客需求为一切活动中心的市场营销虽然满足了顾客的需求，但从长远来看却损害了社会的整体利益。比如一次性使用的罐装饮料包装，虽然满足了消费者对饮料卫生、方便等的需求，却造成社会资源浪费、环境污染等问题。在这种情况下，企业应该将营销活动与社会利益结合起来，注重顾客需求和社会整体利益的协调。

在社会市场营销观念的指导下，企业的营销活动应考虑三方面的利益，即消费者的需求、企业的利益和社会的整体利益。这种营销观念也被称为“绿色营销观念”“生态营销观念”，其本质是一种人与自然和谐共生的大市场营销观念。

显然，上述五种营销观念的形成与发展，都与一定时期的社会经济发展水平和市场状况相适应。其中，前三种观念都属于生产观念范畴，都是以产品为核心，只是侧重点不同。第一种侧重产品产量，第二种侧重产品质量，第三种侧重产品的销售。它们都要求顾客的需求符合企业的供给。后两种观念都以消费者为中心，根据消费者需求生产产品。在具体的营销活动中，企业要对市场营销因素进行有效组合，制定出适合企业长期发展的营销策略。

2. 市场营销趋势

传统的营销方式在市场营销和社会经济发展中仍起着十分重要的作用，但随着竞争日趋激烈，营销方式也不断地发展完善，出现了一些新的市场营销趋势，包括以下三个趋势。

（1）全球化环境下的国际市场营销。国际市场营销指对为一个以上国家的消费者或用户提供商品和服务的过程进行分析、定位，并开展产品开发、生产、定价、分销、促销、服务等相关活动，以满足用户需求，实现自己的利润目标。与国内市场营销相比，国际市场营销具有以下几个特点。

1）国际市场营销要适应不同国家的文化。不同的文化背景会影响顾客的价值取向、生活方式和行为模式，进而影响其在市场中的具体行动。国际市场营销是在这种文化各异的背景下的一种更为复杂、更为深层次的营销活动。各个国家政体、政策、法律、法规、经济发展水平、经济制度等方面的差异比较明显，这是从事国际市场营销的企业容易掌握的，在这些差异背后所蕴含的文化差异却难以把握，而这恰恰是国际市场营销能否成功的关键所在。

2）国际市场需要更多的时间、金钱和其他成本。开展国际市场营销面对的是具有不同文化背景的市场环境。从基本的营销管理过程来看，市场调研和市场分析的过程花费的时间和金钱会更多；市场开拓过程中企业可能需要主动地以某种形式做出让步或提供一些补偿。因此，进行国际市场营销比国内市场营销需要付出更多的时间、金钱和其他成本。

3）战略联盟是国际市场营销的重要方式。通过企业间的战略合作进入国际市场，是近年来企业国际市场营销的一种重要方式。战略联盟是指国际经营企业在一定时期和范围内采取的一种合作方式，其形式多样，如联合研究开发、相互技术支持、共建销售渠道以及组建合资企业等。跨国战略联盟是国际市场营销发展的重要途径，是一种更复杂的新的国际分工方式。

（2）网络营销。网络营销是以互联网为基础的一种新的营销方式。它利用互联网技术和功能最大限度地满足顾客需求，以达到开拓市场、增加盈利的目的。

网络营销是建立在互联网基础上的，具有互动性、虚拟性、全球性、直接性、全天候、高效率、低成本等优良特性，同时也具有不真实性以及缺乏安全性等缺点。总的来说，网络营销的特性符合顾客主导、成本低廉、使用方便、充分沟通的要求。

网络营销与传统营销既有联系又有区别，它们之间的联系首先表现在两者的目的是一致的。例如，对于广告策略，网络营销与传统营销都是通过广告的传播来宣传和销售产品，以获取利润。除此之外，这两种方式可以实现融合，即在营销过程中，传统营销手段与网络营销手段相结合。它们的区别在于，网络营销可以实现市场全球化、产品个性化、价格公开化、渠道直接化、服务大众化、沟通双向化，这些是传统营销难以实现的。

网络营销常用的工具包括自建网站、搜索引擎排名、企业对企业行业门户平台、许可电子邮件、第三方认证、互联网推广诊断工具。除了上述六种营销工具外，还有应用更广泛的微信和微博。

（3）生态文明背景下的绿色营销。绿色营销是指企业在营销活动中顺应时代可持续发展战略的要求，注重地球生态环境保护，实现企业利益、消费者权益、社会利益及生态、环境利益的有机统一。

绿色营销要求企业在开展经营活动的同时，努力消除和减少对自然环境的破坏和影响。具体来讲，企业在选择生产原料时，应符合环境保护标准，确保每一种原料的安全性；在产品设计方面，应借鉴“从摇篮到摇篮”的思维模式，使下游产品能够继续健康地循环利用；创新生产技术和制造工艺，实施清洁生产，采用生命周期工程设计，尽量减少产品使用或产品包装的剩余物，以降低对环境的不利影响；在分销和促销过程中，积极引导顾客在产品消费使用、废弃物处置等方面尽量减少环境污染；在产品售前、售中、售后服务中，注意废弃物回收、节省资源、减少污染。可见，绿色营销的实质，就是强调企业在进行市场营销活动时，要实现企业利益、消费者利益、环境利益和社会利益的统一。

传统营销渠道的结构如图 1-1 所示。

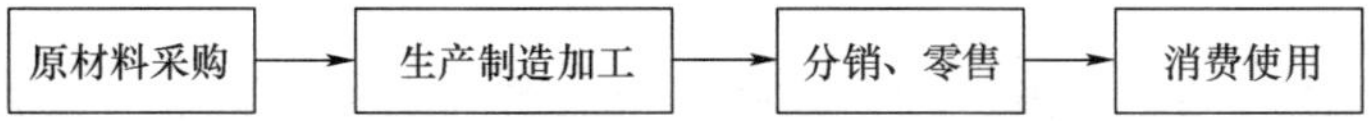

图 1-1　传统营销渠道

绿色营销渠道的结构如图 1-2 所示。

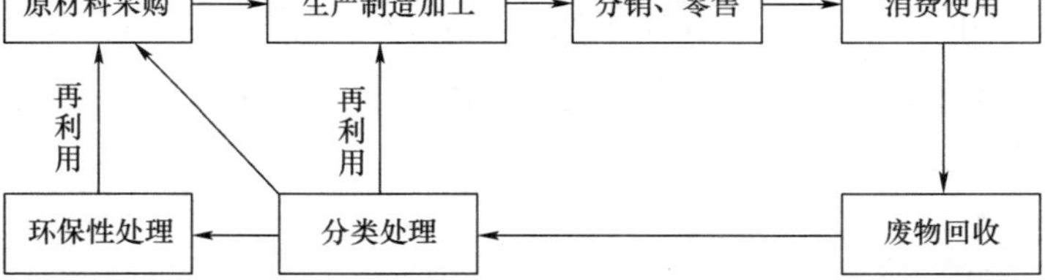

图 1-2　绿色营销渠道

从上面两幅图对比可以看出，传统营销渠道的起点是原材料供应商，终点是顾客，对产品消费使用后的废弃物不考虑和承担任何责任，是典型的“从摇篮到坟墓”。绿色营销渠道则是从“摇篮到摇篮”，在产品设计之初就考虑到产品消费后的归宿，并通过负责回收处理环节，使废弃物再生循环利用，成为另一种产品的生产资源或能源，因而提高了资源利用率，降低了对环境产生的负面影响。

三、营销、推销、直销、传销、促销的区别

1. 营销与推销

营销和推销的区别在于：推销是主动地采取多种方式让顾客购买自己的商品。营销是采取多种手段使顾客受到品牌吸引力而购买自己的商品。具体的区别如下：

（1）营销立足于市场，专注于满足顾客的需要，面向广大的顾客群体；推销立足于现有产品，专注于企业的需要，面对的是具体的顾客。

（2）营销是参谋活动，营销人员通常在公司总部办公；推销是现场活动，推销员经常需要与顾客进行直接接触。

（3）营销是一种市场行为，是策略层面的；而推销则是一种售卖行为，是技术层面的。营销可以对推销起到指导性的作用，而推销是营销流程中使用的具体手段。例如，营销策略确定了公司产品的顾客群体后，推销人员就到这些群体中用公司的产品去满足其需要。

2. 直销

直销是指直销企业招募直销员，由直销员在固定营业场所之外

直接向顾客推销产品的经销方式。在我国由于翻译上理解不同，出现了“传销”“直销”“网络营销”“单层直销”“多层直销”等多种概念，造成人们对传销与直销的混淆。事实上，直销除传销这种经营方式外，还包括邮购、目录购货、电话营销、电子购物、自动售货、会员服务、访问销售、家庭聚会销售等多种经营方式和组织形式。

3. 传销

传销相对于直销的其他形式，其主要特征有三点。一是介绍加入，即必须通过传销员介绍，才能加入传销队伍，取得传销员资格，同时只要成为传销员，就可以获得推荐其他人员加入传销队伍的资格。二是组成网络，介绍加入的目的是通过这种介绍，形成“上线”“下线”的隶属关系，组成传销网络。三是复式计酬，传销员可以从其个人销售产品或服务中获取报酬，也可以以其介绍加入的传销员销售业绩作为计酬依据获得报酬，还可以以其亲自介绍加入的传销员再介绍加入的传销员的销售业绩为依据计提报酬。这也是维系传销网络的重要基础。

4. 促销

促销就是营销者向顾客传递有关本企业及产品的各种信息，说服或吸引顾客购买其产品，以达到扩大销售量的目的。促销实质上是一种沟通活动，即营销者（信息提供者或发送者）发出刺激购买的各种信息，并把这些信息传递给一个或更多的目标对象（即信息接收者，如听众、观众、读者、消费者或用户等），以影响其态度和行为。常用的促销手段有广告、人员推销、网络营销、营业推广和公共关系。

模块二　市场营销环境

一、市场营销环境的含义和构成

市场营销环境是指对企业的市场和营销活动产生影响、冲击的不可控制的行动者和社会力量。

企业的营销活动要以环境为依据，企业要主动地适应环境，而且要通过营销活动努力去影响环境，使环境有利于企业的生存和发展，有利于提高企业营销活动的有效性。

市场营销环境包括宏观营销环境和微观营销环境，其中又包括经济、地理环境、科学技术、政治法律和社会文化等因素。市场营销环境构成如图 1-3 所示。

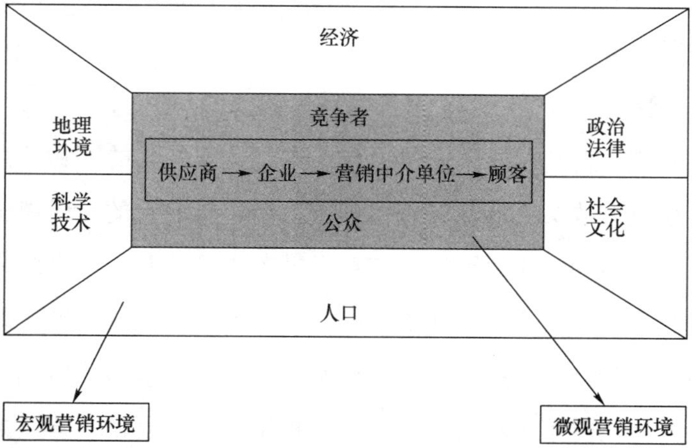

图 1-3　市场营销环境构成

二、宏观营销环境

宏观营销环境指营销环境中直接影响企业营销活动的不可控制的较大的社会力量，如政治、法律、经济、人口、技术和文化等。

宏观环境是为企业提供市场机会和造成环境威胁的主要力量，它引导企业营销活动的大方向。企业营销环境分析首先应分析宏观环境。

影响企业营销活动的宏观环境主要有人口环境、经济环境、自然环境、技术环境、政治法律环境。

三、微观营销环境

微观营销环境指营销环境中直接影响企业营销活动的各种不可控制的行动者，如顾客、供应商、竞争者和社会公众。微观环境直接影响营销活动的方式和效果。

影响企业营销活动的微观环境因素主要有企业内部环境、供应商、营销中介单位、顾客、竞争者。

1. 企业内部环境

企业内部各个管理层次、各个部门、员工之间分工是否明确，协作是否有效，能否目标一致相互配合，直接关系营销活动的效率和实施效果。首先要考虑业务部门，如生产部门、采购部门、研究开发部门的情况，营销部门要与它们密切合作，共同制订营销计划。其次要考虑企业高层管理者的意图，以最高管理层制订的企业任务、目标、战略为出发点制订营销活动计划。

2. 供应商

供应商是向企业供应各种资源的工商企业和个人。供应商供应的原材料价格的高低和交货是否及时、数量是否充足等，都会影响产品的成本、售价、利润和交货期。因此，营销人员必须对供应商的情况有比较全面的了解和透彻的分析。

3. 营销中介单位

营销中介单位是协助企业推广、销售和分配产品给最终顾客的企业和个人，包括中间商、实体分配公司、营销服务机构和金融机构。

中介单位在企业的营销活动中起着十分重要的作用，它帮助企业寻找顾客并直接与顾客进行交易，从而完成产品从生产者向顾客的价值转移。

4. 顾客

顾客是企业产品或服务的购买者，也是企业服务的对象。顾客可以是个人、家庭，也可以是组织机构和政府部门。

5. 竞争者

市场中，可能有多个企业生产、销售相同或相近的产品。企业往往要在一群竞争对手的包围和制约下从事自己的营销活动。

模块三　营销战略和营销策略

一、营销战略

营销战略是企业战略的一个组成部分，属于业务层次战略，指企业为实现特定的营销目标而制定的行动纲领或方案。制定有效的市场营销战略是企业在竞争激烈的市场环境中实现发展的重要手段。

二、营销策略

在制定了营销战略之后，接下来就是规划营销策略。营销战略只确定了达到企业营销目标的战略，还必须进一步为战略的执行和实现规划营销策略。营销策略主要包括产品策略、价格策略、分销渠道策略以及促销策略，简称 4P′s 策略。这些策略不能孤立看待，必须看其整体效果。因此，在规划营销策略时，应选择最优的营销组合，以实现企业的营销目标。4P′s 营销策略将在第 3 单元中详细介绍。

常有人把市场营销策略与市场营销战略混淆，实际上，策略更为具体，是细节上的东西，也是为战略服务的。而市场营销战略是纲领性的东西，其层次更高，涉及范围更加广泛。

简单来说，战略和策略解决不同层面的问题。战略解决的问题是："市场上需要什么？我们需要往哪个方向看？"策略解决的问题是："如何满足这些需求？这些做法如何落地？"

第2单元

揭秘市场

本单元重点：

- 个人消费者如何决定购买
- 个人消费者的需求和购买行为特点
- 影响消费者购买的因素
- 组织市场的购买决策过程和特点

市场是什么？市场能干什么？在市场中，个人消费者如何决定购买？影响他们购买的因素有哪些？组织市场的购买决策过程是什么样的？本单元将揭秘市场，全方位介绍市场。

首先介绍一下市场的细分。市场细分就是指企业按照某种标准将市场上的顾客划分成若干个顾客群，每一个顾客群构成一个子市场，不同子市场之间，需求存在着明显差别。市场细分是选择目标市场的基础。市场营销活动包括细分一个市场并把它作为企业的目标市场，设计的产品、服务、价格、促销和分销系统“组合”，以满足细分市场内顾客的需要和欲望。市场主要分为个人消费者市场和组织市场。

模块一　个人消费者市场的购买决策过程和特点

一、个人消费者购买决策过程

个人消费者购买决策过程大致可分为以下几步，如图 2–1 所示。

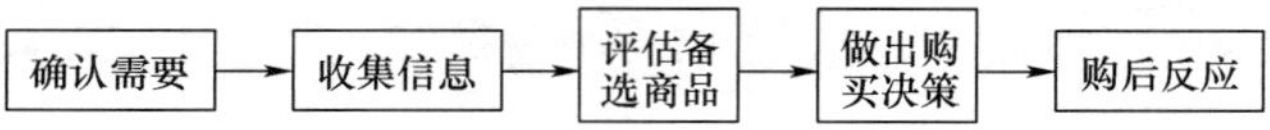

图 2–1　个人消费者购买决策过程

由图 2–1 可知，个人消费者的购买决策过程早在其实际购买之前即已开始。

1. 确认需要

人的需要是多种多样的，并且是多层次的。美国著名心理学家马斯洛依照需要的强度顺序，把人的需要分成五个层次，它们依次是生理需要、安全需要、社会需要、受尊重需要和自我实现需要，如图 2–2 所示。

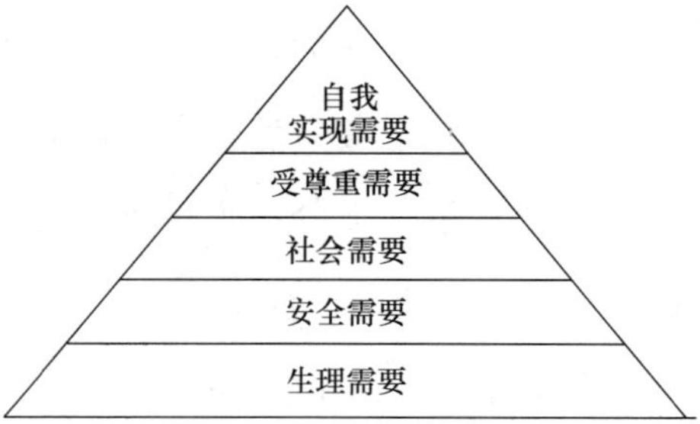

图 2–2　马斯洛的“需要层次”

生理需要，指最低限度的基本需要，如食物、水、氧气等；

安全需要，指保护人身、财产安全的需要，如治安、稳定、秩序和受保护等；

社会需要，指希望被群体接受而有所归属，获得友谊等；

受尊重需要，指自尊、声望、成功、成就等；

自我实现需要，指充分发挥个人能力，实现理想和抱负，取得成就的需要。

图 2-2 向我们展示了它们之间的层次关系。人只有在较低层次的需要得到满足后，才会向高一级层次的需要发展。这一理论对于企业市场营销活动的开展具有一定的指导意义，市场营销人员应很好地理解和把握。

购买动机可能由消费者内在的生理、心理活动引起，如感到饥饿、寒冷，产生购买食品、冬衣的需要；也可能由外界刺激物引起，例如年轻的女孩看到别人穿了一条漂亮裙子，自己也想买一条。

在消费者购买动机形成过程中，内在需要是产生购买动机的根本原因，而外在刺激也是激发消费者购买动机的重要原因。因此，市场营销人员一定要了解消费者的需要，不仅注重产品本身，同时还要注重产品外观及包装、销售方式、促销手段等能否满足消费者的需要，从而激发消费者购买产品的动机。

2. 收集信息

购买动机一旦形成，消费者就需要通过收集有关信息来对商品情况进行了解。

消费者主要从以下 4 个来源获取商品信息。

（1）商业来源。包括商品陈列、商品包装和说明材料，以及推销人员的现场介绍。

（2）个人来源。包括从亲朋好友、邻居、同事等处得到信息。

（3）大众传媒来源。如广告，电视、报刊等的评论。

（4）个人经验来源。即消费者自身通过触摸、试验或试用获得的信息。

3. 评估备选商品

经过收集信息阶段，消费者逐渐在头脑中形成了一个备选品牌的“清单”，接着就是对这些备选品牌进行选择评比，为最终的购买决策奠定基础。这是决策过程中的决定性环节。

4. 作出购买决策

完成了对各种品牌的评价后，消费者便形成了对某种品牌商品的偏好和购买意向，这时如不发生意外，作出购买决策就是自然而然的了。除品牌外，购买决策还包括购买时间、地点、数量、支付方式等方面的决策。

5. 购后反应

消费者购买和使用商品后，有时会感到满意，有时则可能不那么满意。如果消费者感到满意，他就很可能再次购买同一品牌的商品，并且会对他周围亲朋好友的购买选择产生或多或少的影响。而留住一位老顾客比开发一位新顾客，从时间和成本上看显然对企业更为有利。因此，了解消费者的购后反应，提高消费者购买后的满意程度，应引起企业营销人员的高度重视。

消费者并非在购买任何商品时都经过上述复杂的决策过程，如购买牙膏和购买住房的决策过程就大不相同。购买牙膏相对比较随意，而购买住房则十分谨慎，消费者会认真比较位置、户型、方向、楼层、价位、物业管理等方面的差异，然后再做出购买决策。

显然，购买住房属于复杂性购买行为，这种购买行为一般发生在消费者初次购买单价高、品牌差别大的商品时。而对牙膏、肥皂、早点、晚报等经常购买且价格不高的商品和服务，人们大多已有反复购买的经验，已经很熟悉了，因此是典型的习惯性购买行为；购买过程不需要收集信息、综合评价，即便遇到新品牌，消费者也可能会不假思索地先买下，然后在使用时才加以评价。

二、个人消费者市场的特点

1. 非营利性

消费者购买商品是为了获得某种使用价值，满足自身生活消费的需要，而不是为了营利去转手销售。

2. 非专业性

消费者一般缺乏专门的商品知识和市场知识。消费者在购买商品时，往往容易受厂家、商家广告宣传、促销方式、商品包装和服务态度的影响。

3. 层次性

由于消费者的收入水平不同，所处社会阶层不同，消费者的需求会表现出一定的层次性。一般来说，消费者总是先满足基本的生存需要和安全需要，购买衣、食、住、行相关的生活必需品，而后才会视情况逐步满足较高层次的需要，购买享受型和发展型商品。

4. 替代性

消费品中除了少数商品不可替代外，大多数商品都可找到替代品。因此，消费者市场中的商品有较强的替代性。

5. 广泛性

消费者市场上不仅购买者人数众多，而且购买者地域分布广。从城市到乡村，从国内到国外，消费者市场无处不在。

6. 流行性

消费需求不仅受消费者内在因素的影响，还会受生活环境、时尚潮流、社会价值观等外在因素的影响。随着时代的变化，消费者对商品的接受程度和需求取向也会随之改变，消费者市场中的商品具有一定的流行性。

三、影响消费者购买行为的因素

个人消费者市场最显著的特点是购买分散，批量小，还具有多样性，变化快，易受舆论和广告宣传影响，有较多感情型、冲动性购买行为。

消费者的购买行为受许多因素影响，为研究这些影响因素，营销专家建立了一个模型来说明影响消费者购买行为的因素。购买者行为模式如图 2–3 所示。

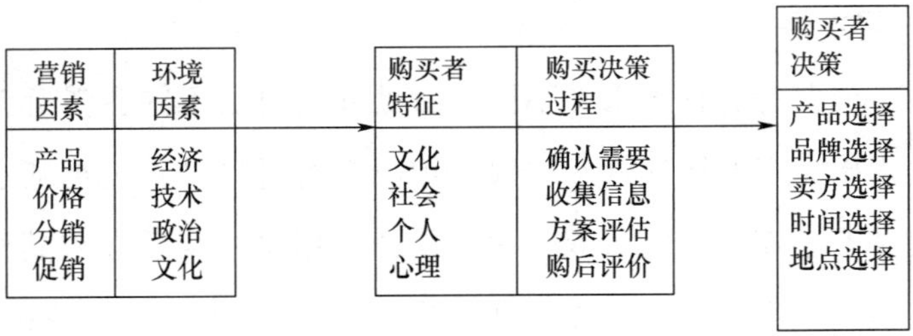

图 2–3　购买者行为模式

这一模式表明：同样的外界刺激，作用于具有不同个人特征的消费者，可能使之做出不同的购买选择。问题在于消费者各方面的特征怎样影响他们的购买行为。

影响消费者购买行为的因素主要有三类：个人因素、经济因素和社会文化因素。

1. 个人因素

个人因素包括个性、动机、感觉、生活方式等。

（1）个性。冒险型的消费者较易受广告的影响，他们是新产品的早期使用者，并且作出购买决策的时间很短。理智型的人作出购买决策时间相对较长，在决定购买之前，往往对商品进行反复比较、分析和思考，最后再作出购买决策。意志型的人大多目标明确、积极主动，而且决策果断。可见，消费者个性是影响其购买行为的一个重要因素。企业营销人员应充分研究目标市场消费者的个性，以便制定出有针对性的市场营销策略。

（2）动机。心理学家认为，人的行为由动机引起，购买行为也不例外。关于动机对人们消费需求的影响，正如前面马斯洛的需要层次理论说的那样：人的需要从低到高分为多个层次，只有未满足的需要才会形成动机。不同的购买动机与商品或服务之间具有一定的对应关系，企业营销人员应学会判断何种商品和服务能更好地满足处于不同需要层次的消费者。

（3）感觉。现代社会，人们每天面对大量的刺激，但同样的刺激对不同人却可能引起不同的感觉，即并不是所有的外界刺激都会引起同等的注意。人们往往更加注意那些与自己当时需要有关、与众不同或反复出现的外界刺激，他们对这些刺激根据自己以往的经验或观念进行理解，并对令他们感兴趣的信息进行记忆。显然，感觉也是造成消费者购买行为差异的原因之一。

人们的有些行为是与生俱来的，但多数行为，包括购买行为是通过后天的学习得来的。正如俗话所说：要想知道梨子的滋味，就得亲口尝一尝。同样，消费者使用过产品或服务后，对产品或服务有了亲身体验，就会形成某种观念或态度，学习过程即告结束，下次购买也将变得简单。

（4）生活方式。生活方式是人们根据自己的价值观念安排生活的模式。有些人虽然处于同一社会阶层，有相同的职业和相近的收入，但由于生活方式不同，其日常活动内容、兴趣、见解也大相径庭，因此，消费内容和消费方式也不同。

2. 经济因素

经济因素是影响消费者购买行为的最重要因素，主要包括消费者收入和商品价格。

（1）消费者收入。消费者收入是指消费者个人在一定时期内（比如一年）从各种不同来源得到的货币收入。收入是影响消费者购买行为的决定因素。消费者是否购买商品以及购买多少商品不只是其主观愿望决定的，也是由其客观的购买能力决定的，而购买能力的大小，很大程度上取决于其收入的高低。收入水平高，购买能力强；反之，购买能力弱。

任何一个消费者必须既有购买愿望，又有一定的购买能力作保证，才能实现购买行为。

（2）商品价格。商品价格的高低是影响消费者购买行为最关键、最直接的因素。消费者为了满足消费需要，总是根据自身的收入状况、不同商品的价格差异，在各种商品中进行选择。收入高、负担轻的消费者，可能多选择高档商品；而收入少、负担重的消费者，则可能多选择中、低档商品。消费者对商品的价格是较为敏感的，特别是中、低收入的消费者。因此，一般来说，商品价格高，消费者对其需求将减少；商品价格低，消费者对其需求将增加。

经济因素对消费者的影响是不断变化的。在消费者收入水平较低的情况下，经济因素起着决定性的作用。随着人们可支配收入的增加以及市场商品供应的日益多样化，经济因素对消费者购买行为的影响将逐步减少。

3. 社会文化因素

每个人都生活在一定的文化氛围中，并深受这一文化中价值观念、行为准则和风俗习惯的影响，这一影响也延伸到了他们的购买行为。消费者购买行为会受到社会文化因素的影响。社会文化因素主要包括社会阶层、相关群体、家庭等。

（1）社会阶层。所谓社会阶层，是指具有相似社会经济地位、价值观和生活方式的人们组成的群体。不同社会阶层的经济状况、价值观念、生活方式、消费特征和兴趣各有不同，对产品的品牌、光顾的商店、关注的传播媒体等都有各自不同的偏好，也因此表现出不同的消费需要和购买行为。

基于希望被同一阶层成员接受的心理，人们通常会遵循该阶层的消费模式。例如：当该阶层的人都拥有个人计算机，相互之间通过计算机互通信息时，作为该社会阶层的人必然会产生购买计算机的行为。但是基于人往高处走的心理，有的人有时候也会出现一些“越级”的消费行为，以满足炫耀的虚荣心理。例如：在工薪阶层骑自行车上班的时代，某企业的普通办事员花了多年的积蓄买了一辆小汽车，这种消费者行为就属于“越级”消费。

（2）相关群体。相关群体指对个人的态度、偏好和行为有直接或间接影响的人群。每个人周围都有许多亲戚、朋友、同学、同事、邻居等，这些人都可能对其购买活动产生这样那样的影响，人们往往有意无意地按照或追随周围人的意见决定自己的购买。

相关群体对消费者个人购买行为的影响视购买商品的不同而有所区别。相关群体对价值小和使用时不易被他人察觉的商品（如洗衣粉、食品等）的购买，影响较小；而对价值较大和使用时容易为他人察觉的商品（如服装、家用电器、手表等）的购买，则影响较大。

相关群体不仅会影响消费者个人对产品的选择，而且会影响个人对商品品牌的选择。

（3）家庭。一般人从出生起就生活在家庭中，家庭在个人消费习惯方面给人以全面性的影响。而且，家庭还是一个消费和购买决策单位，家庭各成员的态度和参与决策的方式，尤其会影响以家庭为消费单位的家用商品的购买。

模块二　组织市场的分类、购买决策过程和特点

组织市场指工商企业为从事生产、销售等业务活动，以及政府部门和非营利组织为履行职责而购买产品和服务所构成的市场。

一、组织市场的分类

组织市场包括产业市场、中间商市场、非营利组织市场、政府市场。

产业市场，指购买产品或服务用于制造其他产品或服务，然后销售或租赁给他人以获取利润的单位所构成的市场。

中间商市场也称为转卖者市场，指购买产品用于转售或租赁以获取利润的单位所构成的市场，包括批发商和零售商。

非营利组织市场指为了维持正常运作和履行职能而购买产品和服务的各类非营利组织所构成的市场。非营利组织泛指所有不以营利为目的、不从事营利性活动的组织。我国通常把非营利组织称为“机关团体、事业单位”。

政府市场指为了执行政府职能而购买产品和服务的各级政府及其下属各部门所构成的市场。

产业市场是组织市场中最常见且非常重要的一类。模块三将详细介绍产业市场的购买过程和特点。

二、组织市场的购买决策过程

组织市场购买是指各类组织机构确定其对产品和服务的需要，并在可供选择的品牌与供应商之间进行识别、评价和挑选的决策过程。过程主要分为如下几个步骤：问题识别——总需求说明——确定产品规格——寻找合格的供应商——征求供应建议书——评价和选择供应商——履行订购手续——绩效评估。

三、组织市场的特点

1. 组织市场的规模和复杂性

通常组织市场的顾客数量较消费者市场的少，但每个顾客每次交易的规模和价值相对较大。同时组织市场的购买者往往集中在某些区域，以至于这些区域的业务用品购买量在全国市场中占据相当的比重。显然，组织市场中每个顾客对于供应企业都是十分重要的。

如果失去任何一个顾客，都将严重影响供应企业的销售额（和就业）。组织市场中的大客户一般都是很重要的，企业要设法与他们建立密切、长期的关系，有时要有专门为大客户服务的营销队伍，进行多次定期的访问，从而赢取订单并保证可持续性。

组织市场在总交易量、每笔交易的当事人数、顾客经营活动的规模和多样性、生产阶段和持续时间等方面，要比消费者市场大得多、复杂得多。此外，组织市场的数量并不受其下游消费者市场数量的限制，因为有些组织不参加任何消费者市场。一些组织对消费者提供服务而不直接收取费用（如慈善机构、协会、学会等），另外，有些组织中则根本看不到消费者这一角色的作用（如军队）。

2. 组织市场需求的特性

组织市场通过一系列的增值阶段为消费者市场提供产品，所以终端消费需求是引发组织市场供给的最终力量。组织市场的需求是从组织市场到消费者市场间各增值阶段一系列需求的派生。例如，出版用纸市场的需求取决于读者对书籍和杂志的需求。如果对于最终消费品需求疲软，那么对于所有用以生产这些消费品的企业产品的需求也将下降。组织市场的供应企业必须密切关注消费者的购买类型和影响他们的各种环境因素。

组织市场对产品或服务的总需求量受价格波动影响较小。一般来说，原材料的价值越低或原材料成本在制成品成本中所占的比重越小，其需求弹性就越小。在短期内，组织市场的需求几乎无弹性，因为任何组织都不能随时对其生产方式或运营模式做过大的变动。

3. 组织市场购买的特性

由于组织市场具有购买者数量较少而购买规模较大的特性，因此与消费者市场相比，通常影响组织购买决策的人较多。大多数组织有专门的采购委员会，其由技术专家、高层管理人员和一些相关人员组成。特别是在购买重要商品时，决策往往是由采购委员会成员共同作出的。正因为如此，供应企业需要雇佣受过精良训练、有专业知识和人际交往能力的销售代表和销售队伍，与这些经过专业训练、具有丰富专业知识的采购人员打交道。

由于组织市场的采购活动具有较高专业性，且交易涉及的金额较大，组织市场的购买者通常直接从生产厂商那里购买产品，而不经过中间商，那些技术复杂和价格昂贵的项目更是如此。同时，由于组织市场购买者常常在谈判中处于强有力的地位，可以让卖方做出让步，甚至是让卖方购买其产品。有些情况下，购买者会要求卖方反过来购买其产品，以确保订单的安全。

现在许多组织购买者逐渐倾向于以大设备租赁取代直接购买。通过这种方式，承租人能得到一系列好处：获得更多的可用资本，得到出租人最新的产品和上乘的服务以及一些税收收益。而出租人最终将得到较多的净收益，并有机会将产品出售给那些无力支付全部货款的顾客。

模块三　产业市场的购买决策过程和特点

一、产业市场的购买决策过程

产业市场上的购买决策过程比消费者市场上的购买决策过程更

加复杂。产业市场完整的购买决策过程大致分为8个阶段。

1. 提出要求

企业在经营中可能会面临各种问题，如消费者对产品规模有了新的要求，研发新产品需要新设备和原料，设备发生故障需要更新，需要寻找更好的供应商等。当企业内部人员认识到这些问题并提出对某种商品或服务的要求时，采购过程就开始了。另外，采购人员参观展会，浏览广告或接受推销人员的访问时，也会产生一些新想法。因此，供应商需加强日常推销工作，经常开展各种宣传活动，以刺激企业发掘出新的需求。

2. 确定总体需要

一旦提出了某种要求之后，采购人员便着手确定采购总体需要，如所需产品的种类和数量等。对于完全重复之前购买行为的采购来说，这一阶段并不复杂，一般由采购人员直接决定即可。但对于修正重购和新购而言，采购人员需与技术人员和财务人员等其他部门的人员共同研究，才能作出决定。

3. 拟定产品技术指标

总体需要确定以后，采购人员还要对所需产品的规格、型号等技术指标做出决定并进行详细的说明。这一过程中，企业通常委派专业人员运用产品价值分析法来进行分析。产品价值分析法是一种降低成本的方法，通过价值分析，对各部件进行仔细研究，确定能否进行重新设计或实行标准化，从而以更低的成本来生产产品。

4. 查询可选的供应商

采购人员通常利用工商名录或其他资料查询供应商，有时也通过其他企业介绍。然后采购人员对这些供应商的生产、供货、人员配备及信誉等方面进行调查，从中选出理想的供应商作为备选。

5. 征询供应信息

采购人员向合格的供应商发函，请他们提供产品说明书和价目表等有关资料，如果是复杂、贵重产品的新购，则需更详尽的资料。供应商为得到订单，在这一阶段要特别注意提供尽可能详尽的书面资料，除对产品进行具体介绍以外，还须强调本企业的生产能力、资源条件和各种服务等内容。

6. 选择供应商

采购人员对各供应商提供的有关资料进行具体分析和评价，最后作出选择。他们考虑的因素主要有：企业交货能力、产品质量和规格、产品价格、企业信誉及历史表现、维修服务能力、技术和生产能力、财务状况、对顾客的态度、地理位置。采购人员在不同的情况下对上述因素的重视程度会有所不同，而且，多数产业用户不愿依靠单一的供应商，他们通常会确定一个主要供应商，把另外少量订单安排给其他供应商，以防陷于被动地位。

7. 发出正式订单

选定供应商之后，企业会向他们发出采购订单，列出所需产品的技术指标、订购数量、交货时间、退货办法、产品保证条款和措施等内容。双方签订合同，把有关事项确定下来，以保证供应商所提供的产品符合要求。

8. 评估履约情况

企业购进产品之后，其采购部门会主动与使用部门联系，了解使用情况和满意程度，并考察各供应商的履约情况，以决定今后对各供应商的态度。

在所有的采购活动中，只有新购买需经过这8个阶段；重复购买最为简单，只需经过拟定产品技术指标和评估履约情况两个阶段；而修正重购也只需要经过其中的某几个阶段。

二、产业市场的购买特点

企业要加工产品和提供服务，首先需要大量采购原料和设备，所以企业必须关注产业市场的购买活动。

由于产业市场上的采购是企业经营活动的一部分，事关重大，因此决策过程更为复杂。它具有以下特点：

第一，企业采购人员大多受过专门训练，富有经验，采购就是他们的工作。

第二，参与购买决策的人员较多，客观上形成一个正式或非正式的“购买决策中心”，集体做出决策，并分担决策的风险。

一般来说，所购物品价值越高，对企业经营越重要；性能、结构越复杂，参与购买决策的人越多；决策程序越正规，决策越理性。其中最复杂的决策过程，可能上至总经理、高级主管、各方面的技术专家、财务主管，下至采购员、生产一线的实际使用者，都要参与。

根据扮演角色的不同，“购买决策中心”的成员可分为以下5个主要角色。

1. 使用者

指组织中实际使用产品或服务的人员。在许多场合中，使用者首先提出购买建议，并协助确定产品技术指标。

2. 影响者

指直接或间接对采购决策有影响的人员。他们参加拟定采购计划，协助确定采购商品的技术要求、规格等。企业中的技术人员常常是购买决策的重要影响者。

3. 决定者

即企业中有权决定采购项目和供应商的人。一般情况下，采购人员就是决定者，但在交易量大而且情况复杂时，企业的关键决定者是有权签订高额订单或协议的人，即采购经理、生产主管等。

4. 购买者

即被企业正式授权具体执行采购任务的人。他们要熟悉采购业务中的程序、洽谈及合同条款，通常由企业的高层管理人员担任。

5. 控制者

即能阻止卖方推销人员与企业采购相关成员接触，或控制外界与采购有关的信息流入企业的人。如采购代理人、接待员、电话员和秘书等。

有时除了上面5个主要的角色之外，还有发起人和批准者参与购买决策。这两个角色的出现频率没有那么高。另外，对那些不那么重要的采购，或在很小的企业中，参与购买决策的人数较少，过程也较简单。例如：小企业的决策单位有时可能只有老板一个人。

有些时候，营销人员可能没有时间和条件同每个角色接触，因此，他们必须做出判断：谁是主要的决策参与者，其影响决策的程度如何，他们以何种方式影响决策过程，决策参与者采用的评价标准是什么。明确了以上问题，营销人员才可能有针对性地开展推销说服活动。

三、影响产业市场购买行为的因素

一般来说，消费者是根据自身的需求和爱好决定购买的，而专业市场中的购买行为则取决于生产的需要。因此，产业市场的购买者的主要动机是尽量降低成本，生产适销对路的商品，获得最大的经济效益。在此基础上，影响产业市场购买行为的因素还包括环境因素、组织因素、人际关系因素和个人因素四个方面，见表 2-1。

表 2-1　影响购买者行为的因素

环境因素	组织因素	人际关系因素	个人因素
• 需求水平 • 经济前景 • 利率 • 技术变化率 • 政治和规章制度的发展 • 竞争发展 • 社会责任	• 目标 • 政策 • 程序 • 组织结构 • 制度	• 利益 • 职权 • 地位 • 说服力	• 年龄 • 收入 • 受教育程度 • 工作职位 • 个性 • 风险偏好 • 文化

1. 环境因素

环境因素是企业外部的不可控因素，主要包括经济前景、货币成本、技术、政治、竞争等。产业市场购买行为受环境因素的影响较大。例如：在经济不景气的情况下，企业会减少购买。再如：利率的降低，减少了生产的成本，从而在一定程度上刺激企业扩大再生产，增加企业的购买数量。因此，营销人员要密切关注环境因素及其变化的趋势，以便抓住时机，扩大销售量。

2. 组织因素

组织因素是指企业采购目标、政策、程序、制度等因素对购买行为的影响。不同企业的组织因素存在很大的差异。有的企业采购目标分散，购买决策权不太集中，而有些企业采购目标和决策权高度集中。因此，营销人员只有充分了解组织因素的变化，才能采取适当措施影响购买行为。

3. 人际关系因素

人际关系指的是采购部门内外部各种人际关系对购买行为的影响。每个企业的采购部门都是由具有不同地位、职权和说服力的人组成的，必然会受到内外部人际关系的影响。在各自企业中的地位、职权和说服力不同，其影响程度也不同。因此，人际关系成为影响购买行为的又一因素。

4. 个人因素

每个参与购买决策的人总免不了受个人感情和情绪等因素的影响。而这种个人因素又因每个人的年龄、收入、教育程度、职业、性格以及对风险的态度不同而不同，这些因素会使人们产生不同的直觉和偏好，从而表现出不同的购买行为。

第3单元

掌握营销策略

本单元重点：

- 市场营销方案
- 主要的营销策略

模块一　市场营销方案

一、市场营销方案的定义

市场营销方案，是指市场营销策划活动的主体——企业在市场营销活动中，为达到预定的市场营销目标，从新的营销视角、新的营销观念、新的营销思维出发，运用系统的、科学的方法，对企业生存和发展的宏观经济环境和微观经济环境进行分析，寻找企业与目标市场顾客群的利益共性，以顾客满意为目标，重新组合和优化配置企业所拥有的和可开发利用的各种人、财、物资源和市场资源，对整体市场营销活动或某一方面的市场营销活动进行分析、判断、推理、预测，构思、设计和制定相应的市场营销对策。

二、市场营销方案各要素及相互关系

市场营销方案由市场营销的各要素及它们之间的相互关系组成。所谓市场营销要素，可以归纳为4个变量，即产品、价格、地点、促销。每一个变量可进一步细分。在市场竞争日趋激烈的今天，企业必须综合利用各种分销渠道和促销手段，将这些要素进行整合。只有它们整体地发挥作用，才可能使营销活动获得成功，这就是市场营销方案。

在现实中我们看到，经营相同产品的企业有时会采用大相径庭的营销方案。产生这种现象的原因有三个。

一是企业营销方案要适合特定的目标顾客群，即迎合特定目标顾客的需要。

二是营销方案要适合企业自身特点。

三是营销方案还须根据竞争对手的特点制订，即要考虑到竞争对手的优势、劣势及可能的应对策略。

企业营销方案依产品所处生命周期阶段不同而不同。产品生命周期是指产品从试制成功投入市场开始，直到最后被淘汰退出市场为止所经历的市场销售变化过程，所以也叫作产品市场生命周期。企业根据产品生命周期阶段的演变不断调整其营销方案。

模块二　主要的营销策略

在信息技术高速发展的今日，消费方式发生了巨大的变化，市场行情变得更为错综复杂，市场竞争异常激烈。任何企业要想成功进入、占领、巩固和扩展市场，采用正确的营销策略显得尤为重要。

一、营销策略的定义

营销策略是指企业根据自身内部条件和外部竞争状况所确定的关于选择和占领目标市场的策略。它是在企业对产品、顾客、市场规模和前景、竞争对手、销售渠道等情况有充分了解，并对未来发展趋势有了正确的把握之后确定的，其核心是把顾客满意、营造品牌放在第一位。

实施市场营销策略的过程是企业以顾客需要为出发点，根据获得的顾客需求量以及购买力信息、市场趋势及商业规律、营销经验等，有计划地组织各项经营活动，通过相互协调一致的产品策略、价格策略、分销渠道策略和促销策略，为顾客提供满意的商品和服务而实现企业目标的过程。

二、营销策略的类别

营销策略主要包括产品策略、价格策略、分销渠道策略以及促销策略，简称4P′s策略。对这些策略不能孤立看待，而必须看其整体的效果。因此，企业在规划营销策略时，应选择最优的营销组合策略，以更有效地实现企业的营销目标。

1. 产品策略

产品策略是市场营销4P′s组合策略的核心，是价格策略、分销策略和促销策略的基础，是企业市场营销活动的支柱和基石。

产品策略是企业为了在激烈的市场竞争中获得优势，在生产、销售产品时所运用的一系列措施和手段，包括产品组合策略、新产品开发策略、品牌策略、产品包装策略、客户服务策略。企业在其产品营销战略确定后，在实施中所采取的一系列有关产品本身的具体营销策略都属于产品策略。

（1）产品的概念。产品指能够供给市场，被人们使用和消费，并能满足人们某种需求的任何东西，包括有形的物品，无形的服务、组织、观念或它们的组合。

产品最基本的层次是核心功能，即向消费者提供的产品基本效用和利益，也是消费者真正要购买的利益和服务。如洗衣机的核心利益体现在它能清洗衣物。

在产品的核心功能趋同的情况下，谁能更好地满足消费者的多元化需要，谁就能占有市场，取得竞争优势。不断地拓展产品的外延已成为现代企业产品竞争的焦点，消费者对产品的期望价值越来越多地包含了相关服务、企业人员的素质及企业整体形象等“综合价值”。若产品在核心功能上相同，但附加产品如所提供的服务不同，则可能被消费者看成是两种不同的产品，因此会造成两种截然不同的销售状况。

（2）产品组合策略

1）产品组合的概念。产品组合包括所有产品项目和产品线。

①产品项目。即产品大类中各种不同品种、规格、质量的特定产品，企业产品目录中列出的每一个具体的品种就是一个产品项目。

②产品线。产品线是许多产品项目的集合，这些产品项目之所以组成一条产品线，是因为这些产品项目具有功能相似、用户相同、

分销渠道同一、消费上相连带等特点。

产品组合具体是指企业生产经营的全部产品线、产品项目的组合方式，即产品组合的宽度、深度、长度和关联度。产品组合的宽度是企业生产经营的产品线的多少。例如，宝洁公司生产清洁剂、牙膏、肥皂、纸尿布及纸巾，有 5 条产品线，表明产品组合的宽度为 5。产品组合的长度是企业所有产品线中产品项目的总和。产品组合的深度是指产品线中每一产品有多少品种。又如，宝洁公司的牙膏产品线下的产品项目有三种，佳洁士牙膏是其中一种，而佳洁士牙膏有三种规格和两种配方，佳洁士牙膏的深度是 6。产品的关联度是各产品线在最终用途、生产条件、分销渠道和其他方面相互关联的程度。

2）产品组合优化。企业进行产品组合的基本方法是调整产品组合的四个维度，即增减产品线的宽度、长度、深度或产品线的关联度。而要使得企业产品组合达到最佳状态，即各种产品项目之间质的组合和量的比例既能适应市场需要，又能使企业赢利最大化，需采用一定的评价方法进行选择。评价和选择最佳产品组合并非易事，评价的标准很多。本书主要从市场营销的角度出发，按产品销售增长率、利润率、市场占有率等几个主要指标进行分析。

（3）新产品开发策略。科学技术的飞速发展，导致产品生命周期越来越短。在 20 世纪中期，一代产品通常意味 20 年左右的周期，而到 90 年代，一代产品的周期不超过 7 年。这使企业不仅为了利润，而且为了生存，必须不断开发新产品以迎合快速变化的市场需求。

产品从投入市场到最终退出市场的全过程称为产品的生命周期，

该过程一般包含产品的导入期、成长期、成熟期和衰退期四个阶段。在产品生命周期的不同阶段，产品的市场占有率、销售额、利润率是不一样的。导入期产品销售量增长较慢，利润多为负数。当销售量迅速增长，利润由负变正并迅速上升时，产品进入成长期。经过快速增长，销售量逐渐趋于稳定，利润增长处于停滞状态，说明产品成熟期来临。在成熟期的后一阶段，产品销售量缓慢下降，利润开始下滑。当销售量加速递减，利润也较快下降时，产品便步入了衰退期。

1）导入期是新产品首次正式上市的最初销售时期，只有少数创新者和早期采用者购买产品，销售量小，促销费用和制造成本都很高，竞争也不太激烈。这一阶段企业营销策略的指导思想是，把销售力量直接投向最有可能的购买者，即新产品的创新者和早期采用者，让这两类具有导向作用的消费者加快新产品的扩散速度，缩短导入期的时间。具体可选择的营销策略有高价高强度促销、高价低强度促销、低价高强度促销、低价低强度促销等。

2）成长期产品的性能基本稳定，大部分消费者对产品已熟悉，销售量快速增长，竞争者不断进入，市场竞争加剧。企业为维持其市场增长率，可采取以下策略：改进和完善产品，寻求新的细分市场，改变广告宣传的重点，适时降价等。

3）成熟期的营销策略应该是主动出击，以便尽量延长产品的成熟期，具体策略有：市场改良，即通过开发产品的新用途和寻找新用户来扩大产品的销售量；产品改良，即通过提高产品的质量，增加产品的使用功能，改进产品的款式、包装，提供新的服务等来吸引消费者。

4）对衰退期的产品，企业可以选择的营销策略有维持策略、转移策略、收缩策略、放弃策略等。

（4）品牌策略

1）品牌概述。品牌是一种名称、术语、标记、符号或设计，或是它们的组合运用，其目的是以此辨认某个企业的产品或服务，并同竞争对手的产品或服务区别开来。品牌是企业的一种无形资产，对企业有重要的意义。它有助于企业将自己的产品与竞争者的产品区分开来，有助于产品的销售和占领市场，有助于培养消费者对品牌的忠诚，有助于开发新产品，节约新产品投入市场的成本。

2）品牌策略决策。产品是否使用品牌是品牌策略决策要回答的首要问题。第一，品牌对企业有很多好处，但建立品牌的成本和责任不容忽视，因此，不是所有的产品都要使用品牌。例如，市场上很难区分的原料产品，地产、地销的小商品或顾客不是凭产品品牌决定购买的产品，可不使用品牌。第二，如果企业决定使用品牌，则面临着使用自己品牌还是别人品牌的抉择，如使用特许品牌或中间商品牌。实力雄厚、生产技术和经营管理水平俱佳的企业一般都使用自己的品牌。使用其他企业的品牌的优点和缺点都很突出，需结合企业的发展战略来决策。第三，使用一个品牌还是多个品牌。对于不同产品线或同一产品线下的不同产品品牌的选择，有四种策略：个别品牌策略，即企业在不同的产品线上使用不同的品牌；单一品牌策略，企业所有的产品采用同一品牌；同类统一品牌策略，即对同一产品线的产品采用同一品牌，不同的产品线品牌不同；企业名称与个别品牌并行策略，在不同的产品上使用不同的品牌，但每一品牌之前冠以企业的名称。

（5）产品包装策略

1）包装概述。包装是指产品的容器和外部包扎，是产品策略的重要内容，有着识别、便利、美化、增值和促销等功能。包装是产品不可分割的一部分，产品只有包装好后，生产过程才算结束。产品包装是技术性和艺术性很强的工作，产品的包装要达到以下要求：显示产品的特色和风格，与产品价值和质量水平相匹配，包装形状、结构、大小应为运输、携带、保管和使用提供方便，包装设计应符合顾客心理，尊重顾客的宗教信仰和风俗习惯，符合法律规定等。

2）包装策略。企业对其各种产品，在包装上采用相近的图案、近似的色彩等，让其具有共同的特征；或者根据产品质量等级不同采取不同的包装；或者将不同类型和规格但有相互联系的产品置于同一包装中，例如，将系列化妆品包装在一起出售，便是典型的配套包装；或者在包装容器中附赠物品，以吸引顾客购买。

（6）客户服务策略。客户服务的目的是使顾客在购买和使用产品的过程中，获得更大的效用和满足。产品越复杂，顾客对各种附加服务依赖性越强。随着市场竞争的日趋激烈，仅凭技术因素难以创造持久的竞争优势。现今绝大多数产品的生产和制造成本不会超过最终价格的20%~30%，而周到的服务和完善的送货系统成本却占到70%~80%。可见，服务将成为企业之间竞争的主要手段。

为顾客提供的服务内容根据企业和产品特征而定。但总的宗旨是，实施客户满意服务战略。通常包括以下内容：接待来访和访问客户，提供业务技术咨询与服务，质量保证承诺，产品安装和调试，维修和备品配件供应，信用服务，定期为客户进行产品检查、维修和保养服务，还可根据客户的特殊要求提供个性化服务。

2. 价格策略

一般来说，企业要将其新产品投放市场时，或将某种产品通过新途径投放市场时，抑或竞争者调整价格时，都要制定或调整本企业产品的价格。价格是市场营销组合策略中的一个十分敏感又难以控制的因素，它直接关系到产品的被接受程度、企业利润的多少。因此，价格策略是一个极其重要的策略。

价格策略包括对制定价格的方法、新产品定位、一般价格策略的运用以及价格管理调整等进行决策。

（1）影响定价的因素。在定价时必须充分考虑影响和制约价格策略选择的各种因素，如产品成本、产品的供求状况、顾客心理、竞争状况和政策法律等。

（2）定价的方法。企业在制定价格时要遵循一定的定价步骤：

选择定价目标—需求评估—成本评估—竞争者的成本、价格和产品评估—选择定价方法—确定产品价格

其中，最重要的是熟悉并掌握定价的方法。

1）成本导向定价法。成本导向定价法是一种常见的定价方法，它以产品成本作为定价基础。

2）需求导向定价法。这种定价方法又称“顾客导向定价法”“市场导向定价法”，是以顾客对产品的需求和可能支付的价格为依据来制定产品价格的定价方法。

3）竞争导向定价法。竞争导向定价法就是以市场上主要竞争对手的同类产品的价格为定价依据，并根据竞争态势的变化来调整价格的定价方法。

（3）定价策略

1）新产品定价策略。为了实现定价目标，企业在产品定价时，常常采用取脂定价、渗透定价和温和定价三种定价策略。

①取脂定价。取脂定价又称为“撇脂定价”，是指企业以高价将新产品投入市场，以便在产品市场生命周期的开始阶段取得较大利润，尽快收回成本，然后再逐渐降低价格的策略。

②渗透定价。渗透定价是指企业将其新产品的价格定得相对较低，尽可能快速地打开销路，获得较大的市场占有率，待产品在市场站稳脚跟以后，再将价格提高的一种定价策略。

③温和定价。温和定价策略又称为满意定价策略或君子定价策略，是指企业为了兼容取脂定价和渗透定价的优点，将价格定在适中水平上的价格策略。

2）心理定价策略。在实际应用中，心理定价策略主要有尾数定价、整数定价、小计量单位定价、声望定价和招徕定价五种形式。

①尾数定价。尾数定价又称为“零数定价”“非整数定价”，是指企业利用顾客数字认知的某种心理，以零头数结尾的一种定价策略。常常以一些奇数或吉利数结尾。

②整数定价。即商品的价格以整数结尾的定价策略，常常以偶数，特别是以零为结尾。

③小计量单位定价。某些价格高的商品用一般的计量单位表示，会使顾客产生太贵的感觉，抑制购买。这时可改变计量单位，采用化整为零的方法，用小计量单位来定价。

④声望定价。又称为“威望定价策略”，这是一种根据产品在消费者心目中的声望和产品的社会地位来确定价格的定价策略。

⑤招徕定价。招徕定价是指企业利用顾客的求廉心理，特意将某几种商品的价格定得较低以招徕顾客的定价策略。

3）地区性定价策略。地区性定价策略的形式有以下 5 种。

①FOB 原产地定价。所谓 FOB 原产地定价，就是顾客按照出厂价购买某种产品，企业只负责将这种产品运到某种运输工具（如卡车、火车、船舶、飞机）上，交货后的一切费用和风险都由顾客承担。

②统一交货定价。对不同地区的顾客，实行统一价格，没有地区差价。这种定价类似邮局的做法，所以又叫“邮资定价法”。

③分区定价。分区定价是企业把其销售区域分为若干价格区，对于卖给不同价格区顾客的同一商品分别制定不同的价格。一般来说，价格区与企业的距离越远，价格就越高；反之，价格就越低。

④基点定价。基点定价是企业设定一个或若干个定价基点，以基点与购买地点之间的运费加上基点价格，作为交货价格。具体又分为单基点定价和多基点定价。

⑤运费免收定价。有些企业为了扩大市场，实行运费免收定价，或与顾客共同分担运输费用。运费免收定价虽然减少了企业的销售净收入，从当前来说是一个损失，但从长远角度上看，可扩大市场并提高销售量。

4）折扣与让价定价策略。折扣与让价，是企业为了更有效地吸引顾客，鼓励顾客购买自己的产品，而给予顾客一定比例价格减让的策略。包括现金折扣、数量折扣、功能折扣、季节折扣和折让等多种形式。

①现金折扣。现金折扣是企业对按预定日期付款或用现金付款的顾客所给予的一种价格折扣。

②数量折扣。数量折扣是指按购买数量的多少，分别给予不同的折扣。

a. 累计数量折扣。累计数量折扣是指顾客在一定期限内购买本企业的商品达到一定数量或金额，按总量多少给予不同折扣。

b. 非累计数量折扣。又称为一次性折扣，即一次购买某种商品达到一定的数量或金额时给予的折扣。

③功能折扣。功能折扣也叫交易折扣，是指生产企业对中间商经营其产品所付努力给予的报酬。

④季节性折扣。季节性折扣指对购买过季商品的顾客给予的折扣。

⑤折让。折让是折扣的另一种形式，有利于顾客和中间商积极购买企业的产品。其主要形式有以旧换新折让和促销折让。

5）产品组合定价策略。常见的产品组合定价策略有以下 5 种。

①产品线定价。根据产品线内不同规格、型号、质量的产品，参考顾客的不同需求和竞争者产品的情况，确定不同的价格。

②任选产品定价。许多企业在提供主要产品的同时，还提供某些与主要产品密切关联的任选品或附件与之搭配。

③互补产品定价。互补产品指需要配套使用的产品。如剃须刀架和刀片、照相机与胶卷、计算器的硬件和软件等。企业常常把主要产品的价格定低一些，而将其互补使用的产品定价高一些，借此获取利润。

④副产品定价。某些行业，如肉类加工、石油化工等，在企业

生产过程中会生成副产品。若副产品价值高，能为企业带来更多收入，则主要产品价格在必要的时候可定低一些，以提高产品的竞争力。若副产品价值低、处理费用高，则主要产品的定价必须考虑副产品的处理费用。

⑤产品系列定价。企业经常将其生产和经营的产品组合在一起，制定一个成套产品的价格，成套产品的价格低于分别购买其中每一件产品的价格总和，这种定价策略就是产品系列定价策略。常见的有化妆品组合、学生用具组合、名贵药材组合和旅游套餐组合等成套产品定价。

案例分析：

Silverado珠宝店的一个定价悖论

位于美国亚利桑那州的Silverado珠宝店专门经营由印第安人手工制成的珠宝首饰。Silverado的店主贝克尔正同珠宝店副经理希拉讨论一个有趣的定价现象。

几个月前，珠宝店进了一批由珍珠质宝石和白银制成的手镯、耳环和项链。珍珠质宝石同商店以往销售的绿松石宝石不同，它的颜色更鲜艳，价格也更低。很多消费者还不了解它，对他们来说，珍珠质宝石是一个新的品种。希拉本人十分欣赏这些造型独特、款式新颖的珠宝，她认为这个新品种将会引起顾客的兴趣，形成购买热潮。她以合理的价格购进了这批首饰，为了让顾客感觉物超所值，她在考虑进货成本和平均利润的基础上，为这些商品定了合理的价格。

一个月过去了，商品的销售情况令人失望。希拉决定尝试运用她本人在大学里学到的几种营销策略。比如，教科书上说，让店中某些商品的位置有形化可以令顾客产生浓厚的兴趣。希拉把这些珠宝装入玻璃展示箱，摆放在店铺入口醒目的地方。但是，陈列位置的变化并没有使销售情况好转。

希拉认为应该同销售人员好好谈谈了。在一周一次的见面会上，希拉向销售人员详细地介绍了这批珠宝的特性，下发了书面材料，以便他们能更详尽更准确地将商品信息传递给顾客。希拉要求销售员花更多的精力来推销这个产品系列。

不幸的是，这个方法也失败了。希拉准备另外选购商品了。在去外地采购前，希拉决定减少商品库存，她向下属发出把商品半价出售的指令，就匆忙起程了。

一周后，希拉从外地回来，她欣喜地发现该系列的所有珠宝已经销售一空。她对助手说："看来，顾客无法接受珍珠质宝石的成本，下次采购新的宝石品种时我一定要慎之又慎。"助手却对希拉说，珠宝并没有降价销售，相反，贝克尔要求这批珠宝以两倍的价格销售，结果销售情况十分火爆。

为什么要对滞销的商品提价呢？希拉很不理解。

点评：

同样的珠宝低价卖不出去，为什么以两倍的价格出售却会卖得这么快？贝克尔对滞销的商品提价出售，是因为他懂得定价策略。这款珍珠质宝石造型独特、款式新颖，属于新品种，顾客对此了解不够。相对低的价格会让顾客对这个新品种的质量产生怀疑，不敢贸然购买。相反，贝克尔提高售价的行为，提高的不仅仅是价格，更是这款宝石在顾客眼中的价值，顾客认可它的价值，从而纷纷购买。

3. 分销渠道策略

分销渠道策略主要是对企业的产品如何送到顾客手中进行的决策，包括选择流通渠道的结构形式、选择适当的中间商等。企业生产出来的产品，只有通过一定的分销渠道才能在适当的时间、地点，以适当的价格供应给顾客，才能通过满足顾客的需要实现企业的营销目标，因此分销渠道策略直接关系着企业的生存与发展。

市场分销渠道包括产品供产销过程中的所有有关企业和个人，如生产者、代理中间商、辅助商以及最终消费者或用户等。

（1）分销渠道的作用

1）分销渠道是企业生产经营活动得以正常进行的基础。

2）分销渠道的选择直接制约和影响着企业其他方面营销策略的确定。分销渠道的选择与目标市场策略、市场定位策略、产品策略、价格策略、促销策略等方面密切相关。

3）分销渠道反馈回来的市场信息，是企业调整生产经营行为的重要依据。

（2）分销渠道的特点。分销渠道由生产者、消费者、中间商组成，它具有以下几个特点。

1）分销渠道的起点是生产者，终点是个人消费者或用户。这反映了产品价值实现所经由的通道。

2）分销渠道是一组线路，其参与者是商品流通过程中各种类型的组织或个人。

3）在分销渠道中，产品从生产领域转移到购买领域的前提是所有权的转移，并且所有权至少转移一次。

4）在分销渠道中，除商品所有权转移外，在生产者与消费者之间还隐含其他的物质流动形式，如物流、信息流、货币流等。它们相辅相成，但在时间和空间上并非完全一致。

（3）分销渠道的功能。分销渠道的主要功能如下：

1）研究。即收集制订计划和进行交换所必需的信息。

2）促销。即为了吸引和说服消费者购买产品和服务而进行的沟通活动。

3）谈判。即确定达成有关产品的价格和其他条件的最终协议，以实现所有权的转移。

4）接洽。寻找可能的购买者并与其进行沟通。

5）融资。收集和分配资金，供分销渠道的不同层次工作之需。

6）风险承担。承担与渠道工作有关的风险。

7）物流。从事商品实体的运输和储存。

8）配合。使所供应的产品符合购买者需要，包括制造、分等、包装等活动。

（4）分销渠道的结构类型。分销渠道可以从不同角度划分成多种类型，了解这些类型可以使企业做出正确的渠道类型选择。

1）按渠道的长度分。在商品流通过程中，从生产者开始，商品每经过一次直接或间接的商品所有权转移，就称之为经过一个流通环节或一个中间层次。分销渠道的长度取决于商品在整个流通过程中经过的流通环节或中间层次的多少，经过的流通环节或中间层次越多，分销渠道就越长，反之分销渠道就越短。由此可见，分销渠道的长度问题实际上是对商品流通过程的一种纵向考察。

分销渠道按渠道长度的不同，即按其有无中间环节和中间环节的多少，有四种基本类型，如图 3-1 所示。

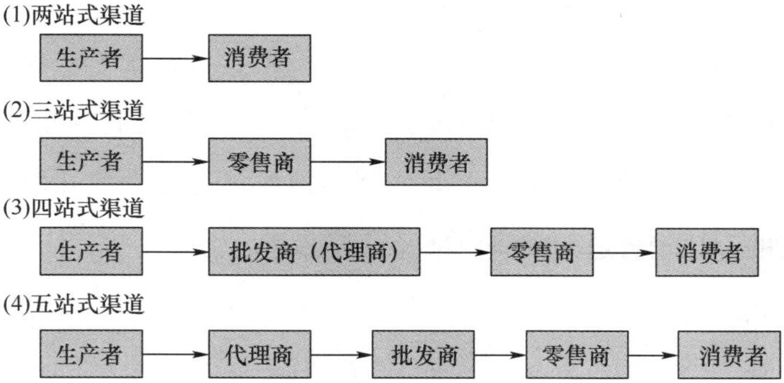

图 3-1　分销渠道类型

以上四种类型，也可概括为直接渠道和间接渠道两大类。

①直接渠道。是指生产者不经过任何中间环节，将产品直接销售给最终消费者或用户的分销渠道。

②间接渠道。是指生产者通过若干中间环节，包括代理商、批发商、零售商等，把产品销售给最终消费者或用户的分销渠道。

我们不能简单地说渠道长好或渠道短好。分销渠道长度决策的关键在于企业选择的渠道类型应符合企业自身条件，具有较高的分销效率和经营效益。例如，一家服装加工厂决定改由自己的推销机构直接向消费者出售商品，这样一来这家服装加工企业就要把原来由批发商、零售商承担的储存、运输、包装、拼配、资金周转、风险承担等多项职能统揽起来。因此，企业在选择分销渠道时，关键是要根据自身条件和环境要求，权衡利弊得失，选择出适合本企业和产品的渠道。

2）按渠道的宽度分。渠道类型的划分标准除长度外，还有宽度。分销渠道的宽度取决于分销渠道同一层次使用中间商数目的多少。数目越多，则渠道越宽，反之则越窄。根据宽度的不同，渠道有四种基本类型。

①密集性分销。即运用尽可能多的分销点，使渠道尽可能宽。

②选择性分销。即生产企业在某一地区仅通过少数几家经过精心挑选的、比较合适的中间商来经营其产品。

③独家分销。在某一地区只选定一家中间商经销或代销，实行独家经营。

④超宽渠道（多元化分销）。即在某一地区有多种渠道。

几种渠道类型的优缺点见表3-1。

表3-1　　几种渠道类型的优缺点

类型	超窄渠道 （独家分销）	窄渠道 （选择性分销）	宽渠道 （密集性分销）	超宽渠道 （多元化分销）
特征	一地一家分销商	一地几家分销商	一地多家分销商	一地多种渠道
优势	控制渠道容易 分销商竞争程度低 节省费用	控制渠道较易 市场覆盖面较大 顾客接触率较高	市场覆盖面大 顾客接触率高 充分利用中间商	同宽渠道
劣势	市场覆盖面小 顾客接触率低 过分依赖中间商	分销商竞争较激烈 选择中间商难 费用较低	控制渠道难 费用高 分销商竞争激烈	同宽渠道
适合产品	高价值商品 特殊商品	高价值商品 方便选购的商品	日用商品	日用商品或其他商品

（5）影响渠道类型选择的因素。分销渠道类型的选择，即决定渠道的长度和宽度问题，是渠道战略中的一个重要内容，对企业营

销的成败关系很大。渠道类型选择是不能随心所欲的，它受多种因素的制约。影响渠道类型选择的主要因素有以下几个。

1）产品因素

①产品的自然属性。

②产品的技术性质和售后服务。

③产品的单位体积与重量。

④产品单位价格。

⑤产品生命周期。

⑥产品具有的特殊性质，如各地的土特产往往采取自产自销的方式经营。

2）市场因素

①市场潜量、购买力以及零售商规模与渠道模式密切相关。

②潜在顾客的地理分布情况。如果消费者或用户相对集中，则宜采用短渠道，否则宜采用长渠道。

③市场竞争情况。

④宏观经济环境的变化对渠道模式的选择也有决定作用。

3）企业自身因素

①企业实力。

②企业的声誉及提供服务的能力。

③企业管理能力。

④企业控制渠道的愿望。

4）国家有关的政策、法律法规。

以上是企业在选择分销渠道模式时应考虑的几个主要因素，除此之外，还应考虑中间商的情况。

（6）选择分销渠道的基本原则。企业要选择分销渠道，就是要使商品和服务尽快地从生产者和营销者手中转移到消费者手中去，满足消费者的需要。要确保商品及时打入市场并在市场中扎下根来，就要坚持下列原则。

1）经济原则。就是指以提高分销渠道的经济效益为中心。这项原则包括下面几个含义。

第一，选择的渠道必须能够保证商品和服务向消费者的流向是合理的。

第二，渠道环节应尽可能少，并且渠道组合合理。

第三，选择的渠道能够用最少的消耗、最快的速度、最短的时间、最短的路程转移商品实体。

第四，选择的渠道要具有相对稳定性，以节省开辟新渠道的费用。

总之，要力求成本低、效益高。

2）时间原则。其实经济原则的核心是节约时间。人们的一切社会活动，总是希望在一定的时间内创造更多的劳动成果，选择分销渠道也不例外。

在千变万化的市场上，时间就是机会，谁的时间观念越强，谁就能抢先占领市场。因此在选择分销渠道时要掌握时间原则，尽快建立新的市场，争取新的顾客。

3）竞争原则。竞争是商品经济条件下市场的必然产物。企业的销售机会必须通过市场竞争才能实现，企业还通过竞争来保持和扩大自己在市场中的地位。

无论哪家企业都必须坚持这条原则，但是不同企业所采取的竞争策略是不同的。选择分销渠道时，企业一定要充分发挥自己的优势，扬长避短，随机应变。

4）消费者满意原则。商品生产总是以满足消费者需求为目的的。如果生产者的产品不能满足消费者的需要，生产也就失去了意义。选择分销渠道也必须满足消费者需求，否则，也就没有选择的意义了。

5）应变原则。生产力水平是不断提高的，商品生产方式和市场供求情况等也是不断发展变化的。因此，商品生产营销的方式和手段也要随之变化。

在市场营销过程中，企业选择分销渠道决不能受传统观念的限制。分销渠道的每个环节、每个机构在市场都必须具备一定的应变能力。渠道该长就得长，该短就得短。一切以满足消费者需求、提高经济效益为前提。

以上 5 个原则是相互联系的，不可偏重或轻视任意一条。

4. 促销策略

促销策略是指促进和影响人们购买行为的各种手段和方法，包括广告促销、人员推销、营业推广、公共关系等。

（1）促销的作用。在市场竞争日趋激烈的环境下，促销作为企业与市场联系的主要手段，包括了多种活动。企业一方面可以搜集需求信息，争取做到产销对路；另一方面可以向顾客及时传递产品信息，通过企业促销行为刺激顾客购买欲望，影响其购买行为，从而扩大产品的销售。促销的作用主要有下面几点。

1）提供商业信息。

2）突出产品特点，提高竞争能力。

3）提高企业声誉，巩固市场地位。

4）影响消费，刺激需求，开拓市场。

（2）促销组合策略。促销组合策略是一种组织促销活动的策略思路，它主张企业把广告促销、人员推销、公共关系、营业推广四种基本促销方式组合为一个策略系统，使企业的全部促销活动互相配合、协调一致，最大限度地发挥整体效果，从而顺利实现促销目标。

企业的促销方式主要有四种：广告促销、人员推销、营业推广、公共关系。

1）广告促销。广告促销是指企业按照一定的预算方式，支付一定的费用，通过广告媒体把商品信息传递给广大目标顾客的一种促销方式。广告促销能够迅速而广泛地向目标顾客提供产品信息，其原因是媒体是大众化的传播工具，如广播、电视、报纸、杂志、网站、微信公众号等。在信息化程度越来越高的现代化社会中，广告促销是企业促销活动中最有效和最常用的手段。

2）人员推销。人员推销是指企业派出营销人员亲自向目标顾客进行产品介绍、推广、宣传与销售，与顾客做面对面的洽谈交易的促销方式。在现代营销观念指导下，人员推销的作用不仅是出售现有货物，而且要配合企业的整体营销活动来满足顾客需要。营销人员在与顾客进行面对面的洽谈的过程中，能更具体、更全面地了解顾客的要求，收集到更准确的信息。另外，营销人员与顾客的关系可从原先单纯的买卖关系向一种亲密的长期合作关系发展，这是其他促销方式所不能及的。

小链接

人员推销的基本步骤与策略

①寻找潜在顾客。人员推销工作的第一步就是要寻找潜在顾客，具体途径包括：查阅企业现有销售资料，向现有顾客征询潜在顾客，通过个人观察及个人关系网获取，查阅各种信息来源等。

②事前准备。一是要了解拜访顾客的背景信息；二是要做好推销面谈计划。在了解了顾客的购买史、目前需求及其性格、爱好之后，营销人员便可在此基础上分析制定自己的推销策略。

③接近顾客。营销人员面见顾客之前要精心设计开场白，应设法从顾客感兴趣的话题入手，顺利地打开推销的局面。另外，营销人员还应特别注意自己的仪表及言行举止。

④处理异议。在推销过程中，顾客几乎都会表现出不同程度的抵触情绪，会提出各种各样的问题和异议，例如价格问题、产品问题、交货问题等。营销人员要耐心解答并了解顾客异议背后的真实想法，同时，还应对异议多做分析，才能更准确把握顾客心理与需求。

⑤促成交易。常用的方法有：优点汇集成交法（即将产品的优点重复再现，以促成交易）、假定成交法（即在顾客对产品感兴趣并认可的情况下，给予适当承诺以促成销售）、选择成交法（即向顾客提供几个供选择的方案，请其做出选择）、优惠成交法（承诺一定的优惠条件，促成购买决定的作出）。

⑥跟踪服务。营销人员要确保顾客能及时收到产品并得到指导及服务，这样才能加深顾客对企业的好感及信任，有利于顾客重复购买，建立对企业产品的忠诚度；也有利于营销人员利用老顾客发展新顾客。所以跟踪服务既是人员推销工作的最后环节，也是推销工作新的起点。

3）营业推广。营业推广又称销售促进，它是指企业运用各种短期诱因鼓励消费者和中间商购买、经销或代理企业产品或服务的促销活动。营业推广是指鼓励最终用户购买产品，提高零售商和中间商推销能力并改进合作态度的市场营销活动。对消费者的销售推广大多采取先造成轰动效应，使一部分消费者的购买欲望高涨，然后进一步驱动更多的消费者进行购买的办法，如免费样品、减价、发放奖券和代金券、有奖销售、现场表演、竞赛、分期付款、附带礼品等。向中间商推广的方式有购买折扣、资助、经销奖励等。

4）公共关系。公共关系又称公众关系，是指企业在市场营销活动中，正确处理与社会公众的关系，以便树立企业的良好形象，从而促进产品销售的一种活动。公共关系的目标是创造良好的企业形象和较高的社会美誉度。

（3）企业进行促销组合决策时应考虑的因素。促销组合决策，就是对上述几种促销方式的选择、运用和搭配组合的决策，即解决企业总的促销预算在各种促销方式之间如何分配使用的问题。

企业在决定促销组合时受许多因素的影响和制约，一般包括以下几个方面。

1）产品类型与特点。各类促销工具对工业品（生产资料）与消费品（生活资料）的促销效果有着明显的差别。

2）推或拉的策略。企业采取“推”或“拉”的方法去促进销售，在很大程度上决定和影响着促销组合。

①“推”的策略。使用销售队伍和贸易促销，以中间商为主要促销对象，把产品推进分销渠道，推向最终市场。

②“拉”的策略。主要使用广告和消费者促销，以最终消费者为主要促销对象，激发消费者的购买欲望。

各企业对推拉策略有着不同的偏好，有些偏重于“推”的策略，有些偏重于“拉”的策略。

3）现实和潜在顾客的状况。企业常按照购买商品的时间把顾客分为最早采用者、早期采用者、中期采用者、晚期采用者和最晚采用者，并对不同类型的顾客采用不同的促销方式。

4）产品生命周期阶段。在产品生命周期的不同阶段，促销的重点和目标不同，所采用的促销方式也有所区别。

总之，在充分了解各种促销方式的特点，并考虑影响促销方式各种因素的前提下，有计划地将各种促销方式适当搭配，形成一定的促销组合，就可取得最佳的促销效果。

第4单元 远离传销的陷阱

本单元重点：

- 什么是传销和变相传销
- 直销的定义、优点和产品
- 传销与直销的区别
- 远离传销的陷阱

刚走上营销岗位时，大家都充满着工作的热情，憧憬着成功和美好的未来。但若不小心误入歧途，比如陷入传销的陷阱，上当受骗，甚至做出违法行为，那么，所有的憧憬和希望都会化为泡影，个人职业发展也会受到很大影响。本单元着重揭示传销的本质，希望大家提高警惕，以免上当受骗。

模块一　传销和变相传销

一、传销

传销就是传销组织通过多层次的、独立的传销商来销售或提供劳务，每个传销员除了销售货物以赚取利润外，还可以介绍、训练他人为新的传销员，并建立新的销售网络来销售货物，在企业获取更多利润的同时，每个传销员也从自己的销售网络中获取相应的差额。传销方式在世界各地较为流行，传销企业因此获取大量货物的差额利润，但并非佣金。

传销产生于美国哈佛大学两位数学系学生的天才想法，两人开始只是研究倍增学，比如1变2、2变4这样的数学模型。后来这一理论被引用到市场营销中，产生了传销。其实这种营销方式在美国已发展了很多年，名称也不统一，有的叫直销，有的叫传销。1979年美国对传销正式立法，即《反金字塔法》。

二、变相传销

由于传销具有销售成本较低等优点，国外一些企业采用了这种营销方式。也正因为传销能带来巨大的商业利润，一些不法商人开展非法传销，将正当传销演变为“网络连锁”等非法形式，变相聚敛财富、欺诈群众，并引发传销员一系列违法行为。传销传入我国后，一些不法分子利用传销具有的组织上的封闭性、交易商的隐蔽性和传销人员的分散性等特点进行各种违法犯罪活动。

1. 变相传销的特征

（1）传销的商品价格严重背离商品本身的价值，有的传销商品甚至根本没有任何价值和使用价值，产品或服务项目纯属虚构。

（2）参加传销的人员所获得的收益并非来源于销售产品或服务

等所得的合理利润，而是来源于他人加入时所交纳的费用。这与国（境）外的“老鼠会”“金字塔欺诈”如出一辙，实际上就是一种使组织者等少数人聚敛钱财、使绝大多数加入者沦为受害者的欺诈活动。参加人员交纳的费用被不法分子非法占有或用于支付上线的收益。多数不法分子仅将参加人员交纳的费用的一小部分用于维持非法活动的运作，大部分早已转入个人账户，一旦骗局难以为继或骗局败露就准备携款潜逃。

2. 变相传销的形式

（1）通过发展人员、组织网络，从事无店铺经营活动，上线从下线营销业绩中提取报酬。

（2）参加人员通过交纳入门费或以认购商品（含服务）等变相交纳入门费的方式，取得加入、介绍或发展他人加入传销组织的资格，并以此获取回报。

（3）先参加者从发展的下线成员所交纳的费用中获取收益，且收益数额由其加入的先后顺序决定。

（4）组织者的收益主要来自参加者交纳的入门费或以认购商品（含服务）等方式变相交纳的费用。

（5）组织者利用后参加者所交纳的部分费用支付先参加者的报酬，维持运作。

（6）通过发展人员、组织网络或以高额回报为诱饵，招揽人员从事变相传销活动。

传销与变相传销属于非法经营活动。政府要求对传销和变相传销违法行为坚决予以取缔，吊销营业执照，构成犯罪的，依法追究刑事责任。

模块二　直　　销

一、直销的定义

直销是一种通过人员接触（销售员对购买者），在固定营业场所之外进行的消费性产品或服务的配销方式。换句话说，直销商将产品直接送到顾客家中或工作的地方，为个别顾客或众多顾客对象详细介绍、示范产品的特点与效能，并一一解答他们的疑问。令顾客感到称心如意的、亲切周到的个性化服务，可以说是直销的主要特色。

直销定义中有两个要点：面对面销售与不在固定零售点。“面对面销售”即直销是一种两个人面对面沟通的过程。而“不在固定零售点”的特性使直销有别于一般零售店的销售，因此直销也是一种无店铺的零售方式。

二、直销的优点

与其他营销方法比较，直销拥有许多优点，主要体现在两点上。

1. 弹性

它不受时间与空间的限制，在任何时间、地点都可进行。

2. 信息的品质和数量

经由面对面的沟通，顾客通过听觉、视觉、嗅觉和触觉全方位感知产品和服务，同时可以说明自己的需求，再由直销商有针对性地提供产品或服务的信息，使顾客对产品或服务有充分的了解。

三、直销的运作方式

从运作的角度来看直销，有许多因素可以讨论。

1. 销售人员是公司员工或独立的直销商

由于独立的直销商可以省掉一大笔人事费用，所以绝大多数的直销公司都采用发展独立的直销商的方式。但是独立的直销商不是公司的员工，公司对他们的管控较难。

2. 直销商是全职或兼职

由于独立直销商的工作很自由，而且有弹性，吸引了很多兼职人员加入。

3. 单层或多层的直销

直销公司采用多层制度的管理方式，直销人员除了销售产品之外，还可以吸收、训练下线，根据奖金制度的设计，直销商可以自其下线的业绩中获得部分奖金。由于多层制度有更高的激励效果，大部分的直销公司都采用多层制度。但是多层制度的设计与执行必须非常小心，因为稍有不慎就会成为借人头敛财的“老鼠会”或非法的“金字塔销售术”。

四、直销的产品

根据调查研究，适合用直销方式销售的产品必须具备三项特点：差异性、需要示范说明、必须重复购买。

那些成功的直销公司销售的产品都至少具备其中的两项特点。但是从现实来看，几乎任何产品都可以通过直销方式来销售。例如：在日本，新汽车几乎一半是通过挨家挨户直销成交的；在美国，从量贩店的会员卡到长途电话公司的服务，都是利用直销来推广的。

美国的一项调查显示，消费者愿意通过直销购买的产品，在列出的22项中排名前10的依次为美容保养品、厨房用品及容器、玩具和手工艺品、家庭清洁用品、保险、刀叉餐具、参考书和百科全书、手工具、吸尘器、维生素和营养食品。

模块三　传销与直销的区别

直销是一种直接将产品及服务销售给消费者的经营方式，有多种组织形式和计酬方式，而传销只是直销的一种。在我国由于翻译上理解不同，出现了“传销”“直销”“网络营销”“单层直销”“多层直销”等多种说法，造成人们对传销与直销的混淆。事实上，直销除传销这种经营方式外，还包括邮购、目录购货、电话营销、电子购物、自动售货、会员服务、访问销售、家庭聚会销售等多种经营方式和组织形式。

一、直销和传销的区别

第一，在直销活动中，直销商和直销企业通常会以销售产品为导向，在整个销售过程中始终将把产品销售给消费者放在第一位。而传销活动则不一样，传销商和传销企业在开展传销活动的过程中，通常会以销售投资机会和其他机会为导向，其在整个从业过程中，始终把“创业致富良机”和“致富良机的沟通与贩卖”放在第一位，与正当的直销活动完全不同的是，他们并不关注和追求产品的销售。

第二，在直销活动中，直销商在获取从业资格时没有被要求交纳高额入门费，或以认购产品等方式变相交纳入门费。而在传销活动中，传销商在获取从业资格时，一般会被要求交纳高额入门费或者以认购产品等方式变相交纳入门费。

第三，在直销活动中，直销从业人员所销售的产品通常会有比较公正的价格体系，这种价格体系是经过物价部门专门批准的，体现出销售过程中的公正性；而且产品有正规的生产厂家和完备的生产设备及工艺流程，在出厂销售的过程中，生产厂家为其配备了齐全的生产手续，有品质保证。而传销活动中，从业人员所贩卖的就是一种投资行为，所以他们对于产品并不关注，他们所关注的是投资回报的比率和投资回报的速度，产品在传销过程中只是一个可流通的道具。

第四，在直销活动中，直销从业人员的主要收入来源有两个方面：一是直销从业人员自己销售产品所得到的销售佣金，这是直销从业人员的主要收益来源，其多少完全由直销从业人员的销售绩效决定；二是企业根据直销从业人员的市场拓展情况和营销组织的建设情况所给予的管理奖金。而传销活动中，传销从业人员的收入主要来自其拓展营销组织（发展下线传销从业人员）时所收取的高额入门费，而不是来自产品销售所得到的正常佣金。

第五，在直销活动中，直销人员在其从业过程中通常会接受岗前、岗中、岗后的系统培训，其内容包括产品培训、营销技术培训、服务培训、政策法律培训等。在传销活动中，传销从业人员虽然也有可能接受培训，但往往是虚晃一枪，对传销人员进行的培训主要是在从业过程中大规模的激励活动和分享活动，内容比较单一，目的就是诱导听课者加入。

第六，在直销活动中，直销从业人员和直销企业通常在其直销系统文化建设中强调按劳分配和勤劳致富等原则，把直销活动当成一种正常的创造财富和分享财富的活动，主张所有的收入均来自自己的付出，主张在营销技术上精益求精。而在传销活动中，传销从业人员和传销企业通常在其传销系统文化建设中宣扬一劳永逸、一夜暴富等价值观念。

第七，在直销活动中，直销企业和直销从业人员最终的营销目标就是打造一个越来越大的忠诚顾客群体，这个群体信任企业和企业的产品，愿意长期购买企业的产品，忠实于企业的品牌。而在传销活动中，传销企业和传销从业人员的终极目标往往是“捞一票就走”“迅速致富”，因而他们采取的方式往往是“打一枪换一个地方”，并不强调产品的重复购买和完善、维护忠诚顾客。

第八，在直销活动中，直销从业人员的工作在前期主要是开发顾客并销售产品给这些顾客，但随着顾客越来越多，其工作重心便逐渐转换，即由前期的开发顾客逐渐转为了管理顾客，并且在管理顾客的过程中及时准确地向顾客提供各种消费资讯和售卖服务。而在传销活动中，传销从业人员的工作自始至终不会有什么变化，即围绕着“寻找下线、拉人头”的模式，以发展下线组织作为工作的重心。

第九，在直销活动中，直销企业通常会要求本企业的直销从业人员了解国家关于直销的政策法规，并自觉遵守，依法纳税。而在传销活动中，传销企业通常的做法是截断通往从业人员的政策法规信息渠道，不鼓励自己的从业人员了解政策法规，也不会反复向其强调公民的权利和义务。

第十，在直销活动中，直销企业和直销从业人员通常会制定和执行消费者权益保护制度。这种保护一般有三种途径：一是把优质的产品和卓越的服务体系源源不断地提供给消费者；二是在消费者购买企业产品和消费企业产品的过程中设计适度的冷静期，在冷静期内执行无理由退货制度；三是针对由于企业原因给消费者造成的权益损害，企业制定了完善的赔偿制度，即一旦消费者权益受损，直销企业或直销从业人员必须采取各种形式对消费者进行补偿。而在传销活动中，由于从事传销的人员通常以产品作为拉人头、发展下线的一个道具，所以交易一旦完成，通常就不允许退货，即便能够退货也往往伴随着各种各样苛刻的条件。在传销活动中，企业基本上不按国际惯例设置冷静期，即便是有，在实际执行中也会有各种各样的障碍。因此，在传销活动中，消费者的正当权益是得不到维护的。

模块四　传销的危害

非法传销的社会危害主要有下面几方面。

一、以“拉人头”为主的传销犯罪活动严重危害社会稳定

目前，非法传销组织为了逃避执法部门的打击，避免“人赃俱获”，已由过去的传实物转向传虚拟物，即所谓的“传人头”。他们的主要目的不是推销产品，而是非法吸收资金。传销分子为了多拉“人头”增加业绩，以获得更高的提成，千方百计诱骗“下线”加入。在当前人们对传销有所戒备的情况下，开始编造各种理由和幌

子哄骗人们上当。有的以招工或安排就业为幌子，有的以高额回报为诱饵，通过欺骗、要挟、暴力胁迫、精神控制等手段发展人员，收取“人头费”，诈取钱财，对传销人员实施人身和精神双重控制。不少传销人员既是违法行为参与者，又是受害人。

从非法传销和变相传销的参与主体来看，绝大多数是下岗职工、未就业学生和农村进城务工人员。传销参与人员中 90% 以上是前期被骗入伙的，之后再去骗他人，形成恶性循环，使传销组织成为名副其实的“诈骗团体”。

二、传销参与者成为盗窃和“黄、赌”等恶习的易感人群，极易诱发恶性犯罪

由于参与传销活动的人员来自各地，成分复杂，多数人员文化程度低、自律意识差，极易感染各种社会不良习气。有些传销人员为了寻求刺激，消磨时光，逐渐沾染“黄、赌”等恶习。在一些传销人员的住所，赌博工具屡见不鲜。而且，由于传销分子实行家庭式居住管理，男女混居，极易引发不良后果。处于底层的大部分传销参与者由于财物和身份证等均被骗走和扣押，又发展不到“下线”，为了生存，他们有的依靠盗窃维持日常生活，有的甚至实施抢劫等暴力犯罪。

三、非法传销“经济邪教”性质越来越凸显，有的甚至向涉黑组织发展

传销活动的一个本质特点就是它的组织性，即依靠组织网络实施违法犯罪活动。传销活动的组织者为了骗取更多的资金，必然大量发

展组织，发展“下线”。传销组织发展“下线”的一个重要手段就是对他们进行“洗脑”，不断灌输传销理论，麻痹思想，达到精神控制的目的，从而形成组织骨干框架。同时，对部分参与传销的底层人员实施人身控制，24 小时轮流盯梢、监视，非法拘禁不服从的人员，甚至对其施以暴力，对举报者更是变本加厉予以报复。不少传销组织立派成帮，有的以传销人员的亲戚朋友关系为派，有的以人员的地域分布为派，互相争权夺利。不同的传销组织之间为了争夺势力范围集体斗殴，有的甚至寻找社会黑恶势力保护，有的自身就发展为涉黑性质的组织，在实施传销犯罪的同时，严重扰乱社会秩序，影响社会稳定。

四、传销手段日趋多样化和现代化，严重扰乱市场经济秩序

传销活动的组织者利用人们的投资和投机心理，不断变换传销手段，以计算机网络等现代化工具为载体，采取会员卡、储蓄卡、远程教育、职业培训等手段，骗取加入者的高额入会费、加盟费和培训费。这类传销活动不但网络发展快、地域广，而且难以被及时发现和查处，更具欺骗性和危害性。

第5单元

营销人员的素质与能力

本单元重点：

- 营销人员应具备的基本素质
- 营销人员应具备的基本能力
- 营销人员应具备的知识

营销人员作为企业与顾客间的纽带与桥梁，肩负着为企业销售商品或劳务、为顾客提供服务的双重任务。企业的营销离不开营销人员，顾客的购买也离不开营销人员。营销人员素质的高低不仅决定着个人营销的绩效，而且关系到企业的效益。本单元着重对营销人员应具备的基本素质和基本能力进行讲解。

模块一　营销人员应具备的基本素质

营销人员的素质包括业务素质和个人素质两项内容。

一、业务素质

1. 具有现代推销理念

推销理念是指营销人员对推销活动的基本看法和在推销实践中遵循的指导思想。推销理念决定着营销人员的推销目的、推销态度，影响着推销过程中各种推销方法和技巧的运用，也最终影响着企业和顾客的利益。在推销活动中，营销人员要摒弃以企业为中心的传统推销观念，树立和坚持以顾客为中心的现代推销理念。

现代推销理念认为，推销是用适当的方法和技巧，阐明商品能给顾客的某种需要带来满足，在满足顾客需要的同时获得企业利益。现代推销理念强调商品的推销必须以顾客的需要为基础，推销方法与技巧应当符合顾客的心理需要。

2. 具有丰富的专业知识

营销人员应掌握的专业知识是非常广泛的，专业知识的积累关系着其素质和能力的提高。营销人员所应具备的专业知识包括企业知识、产品知识、市场知识和消费者知识等。

3. 具有较扎实的推销基本功

推销基本功是营销人员胜任推销工作的基本前提，一般有以下几个方面：用职业的方式开拓顾客，用公关的方式接触顾客，能准确地判断顾客，有效地处理来自顾客的异议，能有效地做好售后服务工作。

4. 具有熟练的推销技巧

推销技巧是营销人员应掌握的一门技术。推销活动是一个包括寻找潜在顾客，审查顾客资格，接近准备，接近顾客，面谈，处理顾客异议，成交及售后服务在内的完整过程。因此，要求营销人员熟练掌握多方面的推销技巧。

推销技巧的核心是：营销人员必须站在顾客的立场上，为顾客的利益（也为企业的利益）而说服顾客购买自己所推销的产品，让顾客充分感受到购买的愉悦，并确实因此而获益或感到满足。

二、个人素质

个人素质是指营销人员自身应具有的条件和特点。营销人员在推销商品的同时也是在推销自己，因此，其必须具备良好的个人素质。

1. 勤奋好学的精神

推销工作的业务内容是多方面的，推销活动的组织形式是不断变化的，一位优秀的营销人员必须具备勤奋好学的精神，才能使自己适应工作的要求。营销人员首先应努力掌握推销工作必需的知识和技巧；其次要善于思考，对于自己在推销实践中所遇到的问题，不仅要设法解决，还要加以分析和总结，不断积累经验，总结出推销工作的一般规律；此外还应善于学习同行的经验，从中获得启示。

2. 端庄的仪表

营销人员良好的个人形象和得体的言行，会给顾客留下良好的印象，有助于推销成功。营销人员必须衣冠整洁，举止大方，表现出积极认真和奋发向上的精神面貌，努力塑造良好形象。

3. 良好的心理素质

这主要表现为自信、自强和稳定的情绪。只有具备良好心理素质的营销人员，才能抱着坚定的信念，不怕困难挫折，最终取得成功。真正的推销工作大多是在遭到顾客的拒绝之后才开始的，如果没有良好的心理素质，营销人员往往难以承受挫折，无法最终完成推销工作。

4. 健康的身体

推销工作比较辛苦，兼具了体力劳动和脑力劳动的特点，没有健康的身体，营销人员是不能完成推销工作的。

综上所述，营销人员在具体的推销工作实践中，应努力提升自身修养，不断提高个人素质，以便更好地完成推销工作。

模块二　营销人员应具备的基本能力

一、组织能力

营销人员的工作任务包括开展多种形式的促销宣传活动，如各种纪念活动、庆典活动、新闻发布会、记者招待会、用户联谊会，也包括日常的接待、资料整理、编写宣传材料等工作。每一项营销工作都需要周密地计划，认真地组织，因此，强有力的组织能力对营销人员来说是十分必要的。

二、社交能力

营销人员应具备较强的社会交往能力，在任何场合都能应对自如，见机行事。社交能力是影响一个营销人员能否适应现代社会营销环境和做好营销工作的一项重要能力。

从某种意义上说，营销人员应是社会活动家，他必须视整个社会为自己工作的领域，具备与各种人交往的能力。一名优秀的营销人员除了具有经验和阅历外，还要有丰富的知识，以方便在社会交往过程中寻找一个双方都感兴趣的话题。在社会交往过程中，营销人员不能满足于只是给对方留下非常热情的印象，在道别后就结束一切联系，而应该是维持并巩固这一社会交往关系。

一些富有经验的营销人员在收到顾客的名片后就着手建立顾客档案，对双方的交往情况进行记录，定时检查总结，及时、主动地联系顾客。顾客由于受到营销人员的尊重，对今后的合作也会充满信心。

营销工作也可以说是一种社交工作，营销人员只有扩大交际范围，与不同的人接触，广结“关系网”，才能把营销工作做好。

三、创新能力

从事营销工作，大到一个推销计划的制订，小到一份请柬、一张名片的印制，都可以有两种截然不同的做法，一种是墨守成规，照葫芦画瓢，以不出差错为标准；另一种做法恰恰相反，讲究独具一格，标新立异，研究他人的做法并非为了仿效，而是为了突破传统思路，推陈出新。

营销人员要有“别出心裁”的创新精神，善于采用新方法，这样，推销活动才能引起顾客的注意。

四、表达能力

营销人员在工作中要赢得顾客的好感与配合，就应具有较强的语言表达能力。语言是表达、沟通的主要工具之一。语言的规范性、准确性及恰当性是语言表达能力的主要表现形式。营销人员的语言表达能力对推销的成功与否起着很大的作用。营销人员推销产品时，语言应精练明了，语气应诚恳柔和，音调应高低适中，只有做到这些，顾客才能够明确接收到营销人员想要传递的信息，并感受到营销人员的诚挚与热情，对营销人员产生好感并配合销售行为。

营销人员在推销时根据不同顾客的特点采取不同的语言艺术，可以使顾客对产品产生购买动机。如适当地运用赞美法、激将法、套近乎等都有可能促进顾客购买。

经验丰富的营销人员总是用适当的语言，从顾客易接受的角度出发，让顾客对自己产生认同，再循序渐进地引导顾客认同和接受新观点；或是表示自己与顾客的想法有许多相同之处，使顾客对自己感到亲近，产生好感，从而有利于说服顾客购买产品。在推销过程中，不能让顾客产生被勉强甚至是被胁迫的感觉，要适可而止，避免顾客感到压力和产生逆反心理。

小链接

推销语言的基本原则和运用艺术

1. 推销语言的基本原则

（1）以顾客为中心。

（2）说三分，听七分。

（3）避免使用会导致商谈失败的语言。

（4）通俗易懂，不犯禁忌。

2. 推销语言的运用艺术

（1）必须以满足推销对象的需求为前提。

（2）必须能准确传递推销信息。

（3）必须能引起推销对象的兴趣。

五、应变能力

在日常工作中，营销人员所接触的顾客很复杂、很广泛，他们有不同的籍贯、性别、年龄、宗教信仰，有不同的文化背景、思想观念、社会阅历、生活习惯和交往礼节。在推销工作中，营销人员首先要认真观察推销对象的特点，掌握风土人情、生活习俗，了解社会各阶层的知识水平和结构，以适应不同顾客的具体要求。社会环境是不断变化的，每一因素的变革都会对营销工作产生重要的影响。

营销人员在日常工作中还要机警灵敏，随时应付可能发生的顾客异议和突发事件。推销过程并非一帆风顺，有顺利发展的时候，也有风险和低谷。对于突发事件的处理方式直接关系到推销活动能否顺利摆脱僵局，走出低谷。营销人员的灵活应变能力要求其在顺利时，能促使推销工作走上新台阶，开创新局面；遇到障碍之时，能保持清醒与冷静，想方设法寻求对策，克服障碍继续向前；受到损害时，则能临危不惧，尽快找到补救措施，反败为胜。

六、自控能力

推销工作包括繁重的日常事务和对各种突发事件的处理。营销人员要想做好工作，必须具备相当的自我控制能力。这种自控能力不仅反映在营销人员的心理素质上，而且体现在营销人员的工作方式上。性情急躁的人是无法做好推销工作的，他们与顾客之间也很难形成融洽的关系。在推销过程中，营销人员遇到的事千变万化，碰到的人千差万别。比如有的顾客前来投诉，态度粗暴，吹毛求疵；

有的顾客在谈判桌上为了自己的利益，提出毫无理由的苛刻条件。在此类情况下，能否控制情绪，冷静处理，是对营销人员素质的一个考验。

人们常说，营销人员在与他人打交道时，要有一种自控、忍让的精神，但这绝不意味着可以放弃原则。要做到既忍让又不失原则，营销人员必须做到灵活机智，事先多做几种假设，多准备几个方案，出现问题时就可有备无患。

七、学习能力

当今社会是一个信息爆炸的社会，虽然营销人员所在的环境不同，但无论在哪一个环境中工作都需要丰富的知识，知识的获取不是先天的，也不是一劳永逸的，而是需要不断去学习、不断去更新的。学习能力是一个营销人员成功的前提和基本条件。

模块三　营销人员应具备的知识

一、企业知识

营销人员需要掌握企业知识，一方面是顾客了解一种产品的时候必然要了解它的相关企业；另一方面营销人员在销售活动中要想体现企业的方针政策、达到企业的整体目标，也必须要先了解企业。营销人员掌握企业的知识应以顾客的需求为出发点，主要包括：企业的历史、企业的方针政策、企业的规章制度、企业的生产规模和生产能力、企业在同行中的地位、企业的销售策略，以及企业的服务项目、企业的交货方式与结算方式等。

营销人员要熟悉企业的背景知识，以树立信心，增强认同感和归属感，提高工作动力和热情，同时也可以更有效地和顾客进行交流。

二、产品知识

营销人员不是技术专家，也不是产品开发设计人员，不可能透彻了解有关产品的全部知识。但是营销人员一定要对产品有较为深入全面的了解，只有这样才能在销售过程中向顾客解释清楚，面对顾客的疑问才能从容不迫。

顾客在购买产品之前，总是要设法了解产品的特征和用法，以减少购买的风险。通常，越是技术复杂、价值或价格高的产品，顾客就越希望充分地了解产品信息。例如，大型机器设备的营销人员在介绍产品和培训顾客使用操作上，就要花去销售过程中的绝大部分时间。顾客喜欢能为他们提供大量信息的营销人员，信任了解产品特征的营销人员。因此营销人员应对自己所销售的产品有深入的了解。

营销人员应了解的产品知识包括产品原材料及质量、生产过程及生产工艺参数、产品的性能、产品的使用、产品的维修与保养、产品的存放条件、产品的售后保证措施，等等。

三、市场知识

市场是企业和营销人员活动的舞台，了解市场运行的基本原理和市场营销活动的方法是营销人员必修的功课，也是企业和营销人员获得成功的重要条件。需要营销人员掌握的市场知识是非常广泛的，因为营销活动涉及各种各样的主体和客体，销售的内容和方式都十分复杂。营销人员应努力掌握市场经济的基本原理和趋势、市场营销及商品销售的策略与方法、市场调研与市场预测的方法、供求关系变化的一般规律、消费心理及购买行为的基本理论等专业知识，不断充实自己的知识库，巧妙应对顾客提出的各种问题。

四、消费者知识

“知己知彼，百战不殆”。营销人员应熟悉顾客，掌握社会学、心理学、行为学的基本知识，这样可以更好地了解、分析顾客的特点，采取不同的销售策略。

五、人际交往知识

营销人员的工作其实就是与各种各样的人打交道。成功地销售产品离不开良好的人际关系。营销人员要想使顾客接受自己销售的产品，必须首先使顾客接受自己，这时人际交往知识就会在销售活动中发挥作用。人际交往知识既是销售成功的前提条件，又是建立个人声誉和企业信誉的必要基础。

六、法律知识

无规矩不成方圆。营销人员必须了解该行业的法律知识，在法律允许的范围内销售产品。以下是从事市场营销行业应了解的相关法律知识。

必须了解法人、法定代表人、法人代表的区别。法人是具有民事权利能力和民事行为能力，依法独立享有民事权利和承担民事义务的组织。法定代表人指依法律或法人章程的规定，代表法人行使职权的负责人。法人代表包含法定代表人，又包含法定代表人授权的代表法人对外行使民事权利和履行义务的人。

营销过程中免不了要接触合同，所以一定要了解有关合同的法律知识。合同是双方或多方之间设立、变更、终止民事关系的协议。合同有书面形式、口头形式和其他形式。《中华人民共和国合同法》明确规定有 15 种有名合同：买卖合同，供用电、水、气、热力合同，赠与合同，借款合同，租赁合同，融资租赁合同，承揽合同，建设工程合同，运输合同，技术合同，保管合同，仓储合同，委托合同，行纪合同，居间合同。合同的内容由当事人约定，一般包括以下条款：当事人的名称或者姓名和住所，标的，数量，质量，价款或者报酬，履行期限、地点和方式，违约责任，解决争议的方法。

我国相关法律明确规定了销售者和经营者应对消费者履行的义务。销售人员在营销的过程中，必须站在经营者的角度去履行相应的义务，所以有必要了解经营者对消费者的合同义务。

第6单元
营销实务

本单元重点：

- 做好销售前的准备
- 把握好销售过程
- 做好售后工作

前面的单元已经让读者对营销工作有了比较深入的了解，也许读者已经摩拳擦掌，跃跃欲试，准备跨入营销行业大干一场了。本单元我们从营销人员的工作技能出发，进入营销实战的学习。

模块一　做好销售前的准备

一、制订有针对性的销售计划

在推销之前制订一份销售计划，会让营销人员胸有成竹。但并不是说营销人员面对不同的顾客都用同一份计划，而是要因人而异。

所以在制订计划之时，要注意以下几个方面。

1. 要有针对性

营销人员要想把商品顺利地推销出去，就要在每次拜访顾客前准备好针对顾客特点的销售计划。换句话说，营销人员在面对准顾客的时候必须量体裁衣，制订一个有针对性的计划。

2. 不能依赖泛用的、无特色的商品说明

营销人员向准顾客做的说明，必须是因人而异的、符合准顾客特点的说明。这就是说，营销人员必须首先弄清“拜访某顾客的特殊理由”，即要清楚以下几个问题。

（1）我要向他说什么。

（2）我要说服他做什么。

（3）我打算采取什么“方法”实现销售。

（4）怎样准备“拜访理由”。这些“拜访理由”必须因人而异。

在分析了拜访理由之后，再确定要向准顾客提供的商品说明。也许，拜访理由分析是相当难的事，但事实上，只要决心写出来，做这个“作业”只需花费 15 分钟。别小看了拜访理由的分析，它会点燃营销人员的斗志，使营销人员不断产生各种销售创意。以数量来说，可能会想出比以前多 10 倍的销售计划来。

营销人员可以将以下内容作为参考，制订有针对性的销售计划：公司目前正在推行，或是过去已经做过的大有收获的各种促销活动；顾客曾经反映过的情况，或是谈过的事；目前的经济情况；别家公司正在使用的创意；自己的观察所得等。

二、带着自信去拜访顾客

当营销人员准备好销售计划后，就要去拜访顾客了，这时营销人员要给自己两分钟时间，在脑子里想一下以下几件事情。

1. 要提醒自己销售的目的

销售的目的，即令顾客对他们购买到的商品感到满意，同时令他们感到自己的购买决策是明智的。

2. 预想一下会发生的事情

（1）想象自己“穿上了顾客的鞋子在走路”，也就是站在顾客的角度来考虑问题。

（2）想象自己的产品、服务或建议的优势，并想象如何运用这些优势去满足顾客的需要。

（3）想象一个美好的结局，顾客获得了他们所希望得到的，即对他们所购买的商品及做出的选择感到满意。

（4）想象自己的愿望实现了，也就是在轻松的气氛中顺利地完成了销售任务。

三、充分了解顾客对商品的需求

营销人员首先应该知道顾客需要什么，商品能不能满足顾客的需求。鉴于此，营销人员应该首先对目前推销的商品有充分的了解和认识。另外，充分了解顾客对商品的需求还会带给营销人员充足的自信。

商品知识包括很多层面。例如：商品的起源、商品是基于何种动机制造的、商品的制造工序、商品的使用方法、商品的维护方法、与同类竞争商品的比较等。而对营销人员来说，最重要的商品知识，并不是站在营销人员自己的立场来看，而是从顾客的视角来看，这些商品能够给他带来什么好处。若不是这样，营销人员说出的话在顾客听来就毫无意义。

假设销售的是房子，那么营销人员就必须了解，顾客希望得到的是怎样的房子。是居住舒适性优先？或是交通方便优先？要想了解顾客的这些需求，营销人员就必须对自己推销的房子有细致的了解和掌握相关的知识。

四、要善于规划拜访路线

在拜访之前，先要对同一路线上的顾客进行详细的资料搜集，争取集中拜访。在出发之前，可先打电话给顾客，确认当天的会见事宜，以避免顾客临时有事外出而扑空。

五、成功邀约

成功邀约是有效营销的第一步，怎样迈好这关键的一步呢？

1. 电话邀约

该方式适用于营销人员主动发掘的对象，也就是潜在顾客。使用这种邀约方法要注意：拿起电话前，要精心做好准备，了解顾客上下班的时间以及他的近况；要以兴奋愉悦的心情打电话；跟对方约好时间和地点后，就应尽快结束谈话。

2. 当面邀约

该邀约方式适用于特意安排的推荐对象或不期而遇的朋友。使用这种方法的要诀是：不要开口就谈生意上的事，要先闲话家常，叙叙旧，再言归正传。

小提示

打电话的技巧

(1) 电话有“开放性”“社会性”。打电话等于在众人面前与对方见面，因此必须避免“情报外泄”。例如，对方打电话来找A，接电话的是B，B问A“要不要接”，A说“不要”，这时候的“私语”如果不小心被对方听到，就会引起各种误解。

(2) 注意“时机”。凌晨或是半夜打电话给对方，通常都不受欢迎。上午8点到10点左右（尤其在星期一）的时段，是上班族最忙的时候，打电话最好错开这个时段。因此，有必要了解对方“何时比较空闲”，以免引起对方的困扰或是反感。例如，某推销能手的工作手册上就有这样的记录：“某某公司某某经理，星期一上午9时至11时听取部门主管汇报。星期三上午10时至12时召开经营会议。”

(3) 注意自己的声音与心态。电话只靠声音传达消息，因此开口的第一句话以及语调、语气都相当重要。如果心无诚意，对方多少也能听出来。接到电话应该专心聆听，且把要点记下来，切莫一边听一边做其他工作。

(4) 通话应简明扼要。每一句话都要有适当的间隔，并且主旨明确，不要拖泥带水，说了半天也没有触及核心问题。养成在打电话之前先写下要点的习惯，就不会出现这种现象。

(5) 避开电话的高峰时段。若在对方的公司最忙碌的时段打电话给对方，会经常由于占线而无法通话。因此，必须有一套避开电话高峰时段的方法。一般公司的电话高峰时段是上班后的一二小时内、午间休息后的一二小时内和即将下班的时候。无论如何，在打通的时候别忘了说一句：“对不起，在您工作忙碌的时候打扰您了。”

六、确定自己的标准说法

有了不死记硬背、能够灵活运用的“标准说法”，营销人员在推销的时候，就能成竹在胸，从容应答。在不断重复使用同样的话术时，多余的部分就渐渐被删减，最后成为精简有序的“标准说法”。这样，在推销的时候，每一句话都会变得自然而且条理分明，就不会发生搪塞一时或是信口胡言的情况了。

在确定标准说法时，营销人员应做好以下几项工作。

1. 先写出来再说

动笔把要说的话先写出来，通过这一“写”的过程，就能整理出头绪来。

2. 适度修正

把初稿认真读两遍，听听别人的意见或是参考一下有关书籍，对它做适度的修正。

3. 练习

（1）发出声音，读读看。

（2）利用录音机，听听看。

（3）实地使用。在访问顾客之前，先预习一次，然后实地使用看看。

（4）实地使用之后进行总结和反思：哪些地方不妥，能不能改得更好，顾客的反应如何。

七、准确评估准顾客

想拥有顾客，就必须具备一个先决条件，那就是先发现准顾客，即有希望缔约的顾客。要想有效地发现准顾客，首先就要正确地评估准顾客。

1. 分配好精力与时间

在准顾客名单上，写出一大堆对象（人名）当然是好事，可别忘了问题的关键是准顾客的"质量"如何，即其购买欲望、购买力、接受程度如何。若不考量准顾客的质量盲目进行推销活动，将事倍功半，枉费精力与时间。例如：A 比其他人更有希望成为顾客，营销人员却瞄错了对象，一再向毫无希望的 B 做说服工作。

2. 要对准顾客进行评估

拥有众多准顾客的名单，理论上虽然不错，但是，如何过滤、精选（"资格评估"）那些准顾客，才是能否成为优秀营销人员的关键。所以，营销人员首先要做的是在推销商品之前，对准顾客进行"资格评估"。"资格评估"要做到怎样的程度，取决于推销的是什么商品。

总而言之，营销人员对准顾客必须有一套资格评估的标准，正确评估准顾客，才不至于枉费精力和时间。

3. 看准对象才行动

假设要向某家公司推销意外伤害保险产品，那就必须先了解：对这件事掌握最后决定权的人是谁；在决定之前，必须先经过怎样的手续。如果推销的是尿不湿之类的婴儿用品，必须先了解的是：准备访问的家庭是不是有婴儿；有婴儿的话，以前他们使用的是什么品牌的尿不湿；他们需要怎样的服务。又假设营销人员推销的是汽车，就需要先了解：顾客有没有购买汽车的需要；他是不是拥有足够的支付能力；他选择时，能不能给予其帮助或提供参考。

4. 要善于选择顾客

选对顾客很重要，有很多营销人员每天忙得不亦乐乎，却收效甚微，原因是他们没有拜访到关键顾客。

一位聪明的女孩，在其他营销人员围着马路上的行人口干舌燥地推销英文职业培训材料时，巧妙地对一家大银行的行长进行了集中公关，结果是别人卖出了3~5套，而她一下子就卖出了50套！

另外，很多营销人员迈进顾客公司的大门后，就随便抓住一位主管穷追不舍。但是那位主管拥有采购权吗，谁才是这家公司最终拍板的决策人呢？营销人员应该首先确认自己是否找对了人。

小提示

读懂准顾客的表情和动作

当顾客有下列表现时，说明其已有购买的意愿。

（1）把身体挪向前的时候。没有购买意愿的时候，准顾客不可能特地移身向前。

（2）眯起眼睛，或是眨眼次数比之前显著减少的时候。因为有购买意愿的时候，眼睛会下意识地紧张起来。

（3）对商品的使用方法或是功能不断发问的时候。尤其当顾客强调“我想再听你说明一次”的时候，这表示他希望做进一步的了解以更好地做出购买决策。

（4）眼神凝视某处的时候。这时候，顾客往往突然沉默，这表示他正在盘算“得失”，这是营销人员最容易进攻的时机。

(5) 认真杀价的时候。原来一直有拒意的顾客开始杀价，那就说明，他已兴起“买下来也无妨”的念头。

(6) 寻求助言的时候，即顾客开始说“糟糕”，或是说“每个月要付这些钱，恐怕有点困难”。要是毫无购买意愿，他不会说“糟糕”，也不会说“有点困难”。

八、善于运用潜意识的力量

对于营销人员来说，重要的不仅是推销技巧，还要善于运用潜意识的力量。

在做事之前，倘若已经为自己找好了失败的借口，那么十有八九这件事会失败。心理学告诉我们：如果在潜意识中不断地灌输正面的想法，成功的机会会大幅提升；相反，假如灌输了过多负面的想法，则成功很可能与你擦肩而过。营销人员树立销售信心不是给自己壮胆，而是相信自己的产品、自己的公司、自己的能力。要相信自己所推销的产品，就要了解产品的特征，知道自己产品在哪一点上一定能赢得顾客。树立信心也需要一个过程，营销人员要敢于实践。当销售成功，并且赢得一个大顾客的信赖之后，信心就自然上升了。

营销人员在具体工作过程中，要运用潜意识的力量，要根据自己的条件和客观情况采取最有效的推销方式，只有这样才可能取得成功。一个成功营销人员的潜意识里一定是充满激情的。激情是一种天性，是生命力的象征。有了激情，才有了鲜明的个性，才有了人际关系中的强烈感染力，也才有了解决问题的魄力和决心。

九、不断尝试，坚持就是胜利

对于营销人员来说，被顾客拒绝是常有的事。特别是那些新顾客，他们因为不了解产品，也不了解营销人员，为保险起见，不会轻易选择新的产品。面对这样的局面，营销人员如果轻易放弃，退出营销，那么只能证明他并不适合做这份工作。一位成功的营销人员乔·吉拉德曾说："营销贵在坚持，只要坚持就能成功。"乔·吉拉德从做营销员开始，就一直坚持一个好习惯，他坚持送名片，坚持回访、沟通，真诚地与顾客交朋友，久而久之，不仅老顾客关系稳固了，而且新顾客也源源不断，这也就是他能够成为成功销售员的秘诀所在。

营销人员要鼓励自己坚持下去，因为每一次的失败都会增加下一次成功的机会。这一次的拒绝，就是下一次的赞同；这一次皱起的眉头，就是下一次舒展的笑容。

那么当营销人员遭到顾客的拒绝时，应该怎样去坚持呢？

1. 不断尝试，反复拜访

有调查显示，有 80%的顾客至少是在营销人员第 5 次拜访之后才做出购买决定的，而 80%的营销人员在拜访顾客未达到 5 次时就放弃了。或许潜在顾客今天看上去可能没有购买需求或是缺乏购买能力，但情况是会变化的，今天还不存在的需求，明天就可能成为紧迫的需求，所以应多次拜访。

2. 一次次地把产品的好处说够

在现代营销理念中，有一种营销策略叫作"催眠式营销"。它的核心思想就是将好处反复灌输到顾客的潜意识里。顾客原本不太注意、不太确定的东西，被重复多了，就会深深地印在他们的脑海中。

在营销活动中，我们发现同一家公司营销同样的产品，不同营销人员的营销业绩存在很大的差距，公司里80%的营销业绩是由20%的销售员完成的。究竟是什么原因造成受过同样营销技能训练的营销人员的营销业绩会如此悬殊呢？大量的事实表明，营销业绩受营销人员个人素质的直接影响，而不是由运气或其他外在因素决定的。

模块二 把握好销售过程

一、珍惜最初的6秒钟

所谓的一见钟情，就是两人初次见面，在大概6秒钟内就能对彼此做出评价。这种印象主要来自人的眼睛，无须通过语言。在此意义上，营销人员有6秒钟的时间给顾客创造良好的第一印象。所以，营销人员要格外珍惜这最初的6秒钟。在这6秒钟里，要学会用眼睛说话 。

人们常说："眼睛是心灵的窗户。"这是再恰当不过的比喻。有时，有声语言无法表述出来的内心世界，能够从人的眼睛里显示出来。难怪有人说："眼睛是表现人的内心情感的最直接、最真切、最丰富的器官。"的确，不论是喜怒哀乐，还是悲恐惊惧，都能用眼神来表达，有的心理学家还得出这样的结论：人的视线活动概括了70%的态势语言（也称肢体语言）表达领域。

眼神不仅在态势语言中处于首要地位，在营销活动中也具有非常重要的作用。因为在交往中，人们接触时多数是处于对视状态的。这就给彼此提供了通过眼神了解对方的机会。营销人员可以通过目光了解顾客的思想情绪和真实的意图，还可以用眼神传递所要表达的信息。

1. 了解目光的礼节

要正确使用目光，首先得了解它的礼节。目光礼节同有声语言以及其他交流方式的礼节一样，因民族和文化而异。

比如，美国人在交谈时，习惯于用眼光打量对方，认为这是自信、有礼貌的表现。另外，美国人在正式谈话时，还习惯于看着对方的眼睛，如果看着别处，会被认为失礼。而日本人在面对面的交谈中，目光一般落在对方的颈部，眼对眼则被看作是一种失礼行为。南美印第安人维图托部族和博罗罗部族的人，不论跟谁讲话，眼睛都是看着不同的方向。而阿拉伯人则相反，他们认为，无论同谁讲话，眼睛都应该看着对话者，否则就是不礼貌。

在我国，对目光同样有礼节要求，一般忌讳用眼睛死死地盯视别人，认为瞪着对方看是没有礼貌的表现。怎样做才不失礼呢？礼貌的做法是用自然、柔和的眼光看着对方双眼和嘴部之间的区域。目光停留在对方脸部上的时间占全部谈话时间的30%~60%，也就是说，既不死死盯着对方，眼珠也不滴溜溜地来回转动，看得人心慌意乱。

2. 注意目光的焦点

用眼睛看着他人身体的不同部位，对于营销人员同顾客的交往性质和交际效果会产生不同的影响，直接关系到营销人员的工作能否顺利进行，营销意图能否顺利实施。

如果是商谈工作、洽谈业务、磋商交易和贸易谈判等场合，营销人员的双眼应看着对方脸上的三角部位。这个部位是以双眼为底线，上顶角到前额的三角区域。谈判时，如果看着对方的这个部位，便会显得严肃认真，而对方则会觉得营销人员有诚意，这样，营销人员容易把握谈判的主动权和控制权。

如果是舞会以及各种类型的友谊集会，眼睛也应看着对方脸上的三角部位。只是这个三角是以双眼为上线，嘴为下顶角，也就是在双眼和嘴之间。当在集会上和对方交谈时，若看着对方的这个部位，自己会显得轻松，而对方也会感到友好，从而形成和谐的交流气氛。要注意的是，在因公事交谈时，千万不能看着对方双眼和胸部之间的部位，尤其是胸部周围，否则就是非常失礼了。

3. 开场白要得体

古人说得好，“话不投机半句多”。营销更是如此。开头语，尤其是第一句话说得是否得体，将直接影响营销人员与顾客以后的往来。

在营销中，特别是在登门推销时，营销人员习惯于使用“先生，你需要……吗?”这种句式。这是最常见的用于第一句话的句式，但这是一种错误的问话方式。因为这不明确的问话显得唐突，十有八九会遭到拒绝。那么，营销人员应该怎样说呢?下面举个实例，希望读者能从中得到启发。

假如营销人员要去推销一种高级水果压汁机，当顾客打开门时，如果你说：“请问您愿意购买一台高级水果压汁机吗？”那就错了。正确的问法是：“请问，您家里有高级水果压汁机吗？”听到这样的问话，有水果压汁机的顾客可能会说：“我家有水果压汁机，不过不是高级的，能看看你的高级水果压汁机是什么样子吗？”当顾客这样回答的时候，营销人员就可以从提包里拿出样品，并进行更详细的介绍。而没有水果压汁机的顾客则可能会产生好奇心理，他会说：“高级水果压汁机是什么样的？它有什么用处？”这么说显然是渴望对高级水果压汁机有所了解。这时，营销人员就可以打开提包了。显然，这样的开头至少能够为营销人员赢得一次商谈的机会，避免被顾客的一句“不要”拒之门外。

4. 寒暄的技巧

寒暄在营销谈判中的作用是十分重要的，但并不是任何寒暄都能起到这种作用。不恰当的寒暄很可能会弄巧成拙。

寒暄是正式营销谈判的前奏，它的“调子”定得如何，直接影响着整个营销谈判的过程。因此，在营销过程中对寒暄决不能轻视。有必要注意以下两点。

（1）应主动热情，诚实友善。寒暄时选择合适的方式、合适的语句是非常必要的，但合适的方式、语句的实现，还有赖于主动热情、诚实友善的态度。只有把这三者有机地结合起来，寒暄的目的才能达到。试想，当别人用冷冰冰的态度对你说“我很高兴见到你”时，你会有一种什么样的感觉？当别人用不屑一顾的态度夸奖你“我发现你很精明能干”时，你又会做何感想？推己及人，我们寒暄时必须注意态度。

（2）应适可而止，因势利导。做任何事情都有个“度”，寒暄也不例外。恰当适度的寒暄有益于营销谈判，但切忌没完没了、时间过长（当然，对方有聊的兴致时例外）。有经验的营销人员总是善于从寒暄中找到契机，因势利导，能够在合适的时机“言归正传”。

5. 应对不同类型的顾客

营销人员可能会遇到各种各样的顾客，当遇到难缠和冷淡的顾客时就要调整策略。具体内容可以参考第 5 单元模块二“营销人员应具备的基本能力”中的应变能力部分。

6. 倾听

无论面对哪种类型的顾客，营销人员都要学会倾听。营销研究机构调查研究显示，杰出的营销人员通常会花60%~70%的时间用来倾听。为什么倾听如此重要呢？因为只有在倾听的过程中，才能充分了解顾客的真正需求，才能“对症下药”，切中要害。从顾客角度而言，一般说得越多，他就越喜欢对方。因为倾听给他带来的不仅仅是礼貌，更是一种尊重。倾听让顾客有了倾诉和发泄不满的渠道，让顾客感到安全和舒适，没有压力地说出他的痛与乐、他的苦恼、他最关心的问题等。那么在倾听过程中，营销人员到底应该着重倾听什么内容呢？

（1）问题点。有人曾问营销人员：“营销人员是做什么的？”有的人说是向顾客销售东西，有的人说是为顾客提供解决方案，有的人说是为顾客提供满意的服务。不论哪种答案，归根结底，营销之所以成功，是因为产品或服务可以帮助顾客解决他的问题。在实际的营销对话中，会出现很多种问题，真假难辨，无法预料。而营销人员的任务是听出顾客的疑问点，了解最令顾客头疼的问题。但顾客往往不会向营销人员坦白，所以有时候要通过提问来引导。

（2）兴奋点。顾客的购买一般有两个出发点：解决麻烦和追求快乐。问题点就是让顾客感到痛苦的“痛点”，而兴奋点就是让顾客感到快乐的理由。其实做营销就是这样，既要让顾客找到痛苦的原因，同时要让顾客感觉到快乐。典型的营销流程通常是先让顾客思考他所面临问题的严重性，然后再展望解决问题后的快乐与满足，而营销的产品正是解决问题、收获快乐的最佳方案。找出顾客的兴奋点，关键是找到让顾客敏感的条件和情绪性的字眼，同时还要注意肢体语言的配合。

（3）情绪性字眼。当顾客感觉到痛苦或兴奋时，通常在对话中会通过一些字眼表现出来，如“太好了”“真棒”“怎么可能”“特别不满意”等等，这些字眼都表现了顾客的潜意识导向，表明了他们的深层看法，营销人员在倾听时要格外注意。

一般而言，在成交的那一刻，顾客做决定总是感性的。所以每当顾客在对话中流露出有利于购买成交的信号时，要抓住机会，及时促成。

（4）承诺。承诺包括价格、优惠、折扣、送货、保障、维修和售后服务等。作出各种形式的购买承诺的目的就是尽量满足顾客的需求。

（5）肢体语言。在营销对话（特别是面谈）中，词语影响力占7%～10%，声音影响力占20%～30%，肢体影响力占60%～80%。从以上数据可以看出，肢体语言是非常重要的交流方式。

一般的营销训练往往会忽视肢体语言的讲解和分析，这是非常致命的缺陷。所以，在营销训练中要特别注意教授辨析肢体语言的技巧和方法。在营销对话中，常见的积极的肢体语言有：歪头、手脸接触、屈身前倾、手指尖塔形、拇指外突、双手抱在脑后。消极的肢体语言有：假装拈绒毛、拉扯衣领、缓慢眨眼、腿搭在椅子上、缓慢搓手掌。顾客在营销中总是习惯“言不由衷”，营销人员要懂得通过无意识的肢体语言把握顾客的心理动态。

有一种常见的现象是，只要有一个谈话机会，大多数人都不太爱听别人谈话，而是喜欢别人听自己说话。还有一种常见的现象是，大多数人喜欢谈和自己有关的事，而不是和对方有关的事。

如果营销人员想成为受顾客欢迎的人，那么在和顾客谈话时，就应该把说话的机会留给对方，自己做个好的听众。倾听是一种营销手段，更是个人涵养的体现。

7. 把握成交时机

营销人员提出成交的时机是有讲究的。一是顾客心情非常愉快时，营销人员适时地提出成交要求，成交的概率会很大。例如，当顾客开始请营销人员喝杯咖啡或吃块蛋糕时，就意味着这是成交的好机会，营销人员要抓住这样的时机。此时，顾客的心情非常轻松，更容易达成交易。二是介绍完产品后。在营销人员介绍完产品特点、优势及使用方法后，若顾客还需要继续交流，说明他有购买意向。这时，营销人员要抓住时机，询问顾客需要的产品型号、数量或者颜色等具体事项。这样做是水到渠成，不会引起顾客的反感。三是回答完反对意见后。顾客有反对意见是非常正常的。通常情况下，当顾客提出反对意见时，营销人员就会开始向顾客解释。解释完之后，销售员会询问顾客是否完全理解自己的解释和说明，是否需要补充。此时，有的顾客会表示认可，这是完成交易的重要信号。营销人员要抓住这一有利时机，询问顾客选择何种产品。

二、打消顾客的疑虑——进行实物演示

大多数的人面对新商品的时候，都有这样的怀疑：这个东西的价值与实用性到底如何？俗话说“百闻不如一见”，在推销活动中，实物演示就成为打消这种怀疑的有力方法。实物表演（或是实物展示）能证明营销人员说的话有相当程度的真实性。卓有成效的实物演示，要做到有效刺激顾客的感官，即眼、耳、鼻、舌、身，一定要让准顾客“看到”“听到”“摸到”产品。

三、推销时的制胜谋略

推销时的制胜谋略就是“出其不意，攻其不备”。也就是说，趁对方还没有防备之时，发动进攻，行动出乎对方意料。在推销时如何运用谋略呢？下面就给大家介绍一些方法。

1. 欲擒故纵

欲擒故纵，“擒”是目的，“纵”是手段。怎样运用“纵”的手段呢？诀窍是，当营销人员和顾客交谈时，可以表现出一种漫不经心的态度，就是说对能否成交表现得毫不在意。这种态度很能引起顾客的兴趣。为什么会这样呢？道理并不复杂。如果营销人员在推销时并不在意结果，顾客就会认为营销人员推销的商品市场前景很好，“皇帝的女儿不愁嫁”这给营销人员带来成功的机会。这种谋略尤其适用于那些态度较强硬的顾客。

2. 激发情感

激发情感谋略也可称“激将法”。它是用富有刺激性的语言来激发对方的某种情感，让对方产生冲动，在冲动情绪的驱使下去做某

种营销人员期望他去做的事。比如，在美国某商店，一对夫妇对一只钻戒很感兴趣，但嫌价格太贵，犹豫不决。售货员见此情形便对他们说："有位总统夫人也是对这只戒指爱不释手，只因为贵没买。"这对夫妇听了这话，马上掏出钱来，买下了这只昂贵的钻戒，而且还非常得意。

俗话说："劝将不如激将。"如果那位售货员从正面劝说，那对夫妇未必能下决心买下那枚钻戒，而激将法倒促使他们下了决心。因为人都有自尊心、荣誉感，这对夫妇也不例外。当他们听说某总统夫人也喜欢这枚钻戒，但因为太贵没买时，强烈的自尊心、争强心被激发了出来。于是，售货员便达到了目的。

激将法虽然是营销谈判中常用的语言谋略，但它也有局限性，需要营销人员注意。

（1）使用激将法要看准对象。激将法并不适用所有人。一般说来，它多适用于那些谈判经验不太丰富且容易感情用事的人。对于那些办事稳重、处事理智的经验丰富者，激将法就很难在他们的身上发挥作用。而对于那些谨小慎微、自卑感强、性格内向的人，也不适宜用激将法。因为富有刺激性的语言会被他们误认为是对他们的挖苦、嘲笑，并极可能导致怨恨心理。所以，使用激将法要看准对象。

（2）使用激将法言辞要有讲究。并不是用什么语言都可以激发起对方的情感的。锋芒太露、太刻薄，容易形成对抗心理；而语言无力，不痛不痒，则又难以让对方的情感产生波动。因此，在使用激将法时，一定要注意言辞的"度"，既防止"过"，又避免"不及"。

（3）使用激将法要顾及态度因素。必须指出的是，激将一般用的是言辞，而不是态度，切不可为了激将而甩脸子、拍桌子，这不仅有损谈判者的风度，还可能让对方产生厌恶的心理。

3. 事例启迪

事例启迪谋略就是在说服对方时，不正面直说，而是列举一些类似的事件，让对方借鉴，从中受到启迪，领悟道理，从而接受营销人员的意见。

4. 借“砖”敲门

许多营销人员要推销商品，却苦于不得其门。这时不妨借“砖”敲门，运用对方感兴趣的东西打开沟通的大门，增进双方感情，利于接下来的销售。

一家保险公司为了打开局面，先给顾客寄上各种保险说明书，同时附上一张优待券。优待券上写道：“请你把调查表的几栏空白填好，同时撕下优待券寄回给我们，我们便寄上两枚世界各国的古代仿制硬币。这是答谢你的协助，并不是请你加入我们的保险。”

该公司寄出了 30 000 多封这样的信。信寄出后，反映非常好，竟然接到了大量的回信。对于这些回信，公司并没有直接寄出硬币，而是让业务员带着古色古香的仿制硬币，按地址登门拜访。“我特地带来了各国古代硬币来拜访您。”这样一来，营销人员不仅在登门拜访时显得大方自在多了，而且顾客的脸上也没有了冰冷的表情。顾客高兴地把推营销人员请进门，道谢后，便高兴地挑选出两枚自己喜爱的硬币。这样，营销人员与顾客之间的感情也就融洽多了。当营销人员向顾客介绍保险业务时，就格外地顺利了。

就这样，这家保险公司从回信中成功地做成了6 000多单业务。

显而易见，这家保险公司的成功之处就在于运用了借“砖”敲门的谋略。巧借古币之“砖”，敲开了顾客的门，敲开了顾客的心，让顾客愉悦地从口袋里掏出了钱。

5. 借名钓利

借名钓利谋略，就是借助名人、名牌、名胜等效应，来提高自己商品的知名度，达到营销的目的。心理学研究表明，“名”对人们有着很大的诱惑力，而且由于人们对权威具有崇拜心理，更使得“名”的说服力大大增强。一些景区销售纪念品就借用了这种制胜谋略。在扇子、雕刻品等上面印上有代表性的风景或建筑，吸引游客购买。

6. 幽默诙谐

幽默不但能博人一笑，在营销界，它还是一种谋略。例如，美国某公司为了使“R. k. d 生发药”在英国市场上打开销路，委托伦敦一家药店为总经销商，全权代理“R. k. d 生发药”的销售。这家药店的老板是一位27岁的年轻人，颇懂幽默技巧，他雇了10位秃头的男性做他的推销员，在他们头上写上“R. k. d 生发剂”的字样，还配上一些稀奇古怪的图案，让他们走街串巷进行宣传。

用人的脑袋做广告，这的确新鲜而有趣。因此，这则令人捧腹的秃头广告一出现，就在伦敦大街上引起了轰动，新闻媒体纷纷报道。这无疑又为这家公司做了免费宣传。于是，公司的订单滚滚而来。

7. 装愚示傻

在一般人眼里，优秀的营销人员都是口若悬河、反应灵敏、精明干练之人，其实并不尽然。有时，那些看起来“傻笨愚呆”“口舌笨拙”“一问三不知”的营销人员，却屡屡在谈判桌上获胜。原来，他们采用了“装愚示傻”谋略，即故意摆出一种“什么都不明白”的愚者姿态，让强硬的对手“英雄无用武之地”。

装愚示傻法是对付强硬谈判对手的有效武器。试想，当你和一位根本听不懂你在说些什么的人交涉时，即使你有广博的学问、丰富的资料、严谨的逻辑、高深的理论、精辟的见解、锋利的辩词，又有什么作用呢？这好比一个人运足了气挥拳朝你打来，你不仅不还手，还后退走开，对方的尴尬可想而知，肯定比自己挨一巴掌还难受。

四、应对不同顾客的方式

1. 应对嫌价太贵的顾客

买东西，尤其是购买大件物品，嫌价钱贵，怕不合算，是顾客共同的心理。对这种顾客，营销人员千万不能说“价钱可以商量”“可分期付款”等话，这是一种很糟糕的回答，这无异于承认所推销的商品定价的确过高。怎样说才是恰当的呢？

假如一件商品定价是2 000元，顾客嫌贵，营销人员不妨这样对他说：“你说得一点也不错，2 000元的确不是一笔小数目。但是朋友，你想没想过，这东西不是一天两天、一年两年就能用坏的。一般情况下，用个十年八年没有问题。就假定它只能用五年吧，一年平均400元，每一天平均不到1.5元。你抽烟吧？一盒烟至少也得三五块钱，一天你总得抽一盒吧，你看，还不到一盒烟钱。这样一算不能算贵吧！我想，你赚的钱支付它是绰绰有余的。”

在这段话中，营销人员先认可了顾客的说法，让他的心理得到了满足；然后，又给他算了一笔账，不算不知道，一算就明白了，原来，2 000 元乍一看是个大数目，但一化整为零，就不显得多了，再跟每日吸烟的花费一比，就更微不足道了。于是，顾客心安理得地掏出了钱包。

2. 应对犹豫不决的顾客

有些顾客在买东西时，总是犹豫不决。他们下不了决心的原因一般有两点。一是资金问题。担心价钱比同类产品贵，或买了后又降价了。二是质量问题。害怕产品买后出现故障或售后服务不到位。

假如遇到的是前者，营销人员不妨这样对顾客说："说实在话，我不敢保证我的东西是同行业中价格最低的，但我可以很有把握地告诉你，在咱们这个地方，用这样的价钱买这样的产品还是很值的。要说降价，也是有可能的。不过，就现在的情况看，物价确实处于上升的趋势，谁也不敢保证一年后的价格不上涨。如果上涨，现在花一块钱能买的东西，到时候就得花一块多了。"一般情况下，这几句话能帮助顾客下定购买的决心。

如果碰到的是后者，营销人员可以拿出商品的保修卡，把有关条款指给顾客看，并说："我敢保证，我们的产品都是经过严格把关的，但正像人吃五谷杂粮都会生病一样，有时候，经过严格把关的产品也会闹点'小脾气'，不过，要是出现这种情况，我们公司会及时为你解决。"

听了这些话的顾客，绝大多数都会下决心购买，因为这些话听起来很实在。如果营销人员一口否认产品会有质量问题，顾客反而不会相信。

3. 应对爱挑拣的顾客

反复地挑选，是一些顾客的习惯。遇到这种情况，如果营销人员表现出一点不耐烦，就有可能使生意彻底泡汤。因此，营销人员得学会应对这种顾客。比如当顾客看了所推销的商品，说："可惜不是某某公司的产品，如果是，我就准备购买了。"营销人员听了这话，要赶快做出一副恍然大悟的样子，说："原来是这样！不过你要知道，我们和那家公司是有着密切的业务往来的，而且，我们生产的许多产品的性能和价格与他们也不分上下呀！"如果营销人员在那个公司有熟人，可在合适的时机在顾客面前给熟人打个电话，跟他聊会儿天，这对推销产品会起到意想不到的效果。

五、快速达成销售协议

1. 在销售洽谈中达到双赢

传统销售重视短期交易，现代销售则主张了解彼此需求，使买卖双方在信任基础上达成长期的合作关系。传统谈判如同战争，一方的胜利总是以对手的失败为代价，是一种"赢—输"协议；而现在所提倡的销售洽谈则是一方要求低价，同时寻求另一方能否创造性地降低成本，或看自己能为交易成本的降低做点什么。

谈判双方在产品价格、订货量、配送等方面产生分歧时，有时会发生激烈的争吵。但要切记：谈判争吵的应是销售中的具体问题，而不是对方的人格或彼此的关系。对事不对人，更不要把个人的情绪带入销售洽谈中去。

当谈判双方的关系影响谈判效果时，双方就要立即解决关系问题。首先要向对方说明自己心里的想法，告诉他自己为什么愤怒，并问他为什么发脾气。然后建议双方以一个外部的客观标准作为依据，或者请第三方进行调停。不要因对方的无理就拼命攻击对方，必要时，双方可以暂停谈判。尽量用委婉的语气告诉对方自己的感受，如“我希望……”“如果……是对我们有帮助的”“我十分感激……”等。

2. 在销售洽谈中提高洽谈效率

销售洽谈并非信口开河，无章可循。按照以下洽谈步骤，有计划、有目的地进行销售洽谈，将有助于交易的达成。

（1）在洽谈之初找出顾客的真正需要。围绕顾客需要进行洽谈能够引起顾客的注意和兴趣。营销人员不要一有洽谈机会就拼命介绍产品、价格、优惠措施等，应通过适当的介绍和提问，让顾客开口说话，这样才能够判断出顾客的真正需要。

例如“贵公司用什么样的复印机?”“如果机器经常卡纸会给你们带来什么样的影响?”　“您说黏合剂有问题? 具体情况是怎么样的?”

（2）洽谈时结合顾客需要传递产品信息。优秀的营销人员需要在此阶段恰当、客观地向顾客传递产品信息，千万不要胡吹乱侃，要努力把顾客的需要和产品的特性结合起来。

1）需要结合法，即根据顾客的需要介绍产品特点，把产品优势与顾客需要紧密结合起来。

例如“您刚才说新机器一定要功能齐全、价格低，我们这款机器集传真、打印、复印、扫描功能为一体，售价仅998元，特别符合您的需要。而且它还特别小巧，不占用太多地方，品牌知名度也高。”

2）逻辑结合法，即针对顾客可能的异议进行理性分析，用讲道理的方法把产品信息传达给顾客。

例如“您是学生吧！您平时经常需要打印论文、存储资料，这款造型独特的新款 U 盘就特别适合您。它不仅存储容量大，更重要的是具有 GPS 定位功能，可以避免 U 盘丢失。”

3）关系结合法，即利用各种关系拉近与顾客的距离，然后在友好的氛围中进行产品介绍。

例如“摄影系的王主任打算订 10 台这种摄像机，导演系的情况和摄影系情况差不多，是否也打算订 10 台呢?”

（3）在洽谈中努力诱发顾客的购买动机。诱发顾客的购买动机，也是在了解顾客需要的基础上，帮助顾客找出问题、思考问题，寻求解决问题的方案。

1）利用时下崇尚健康环保的消费理念和消费风气，诱发顾客购买动机。如“现在很多人都吃绿色蔬菜，提倡无污染。机器设备当然也要用不损害人体健康的绿色产品。您看，我们这台显示器的辐射就特别小，还很节能。”

2）针对顾客的需要和面临的问题，说服顾客接受新观念，改变原有的消费习惯和态度，购买新产品。如“您平时工作那么忙，没时间去健身房，可以购置一台跑步机，在家进行锻炼。身体是革命的本钱，这投资稳赚不亏啊。”

3）证实产品符合顾客需要和期望。通过社会知名人士或顾客熟知的人对产品的评价进行证实，借助产品实物、模型或有关权威部门提供的检测结论进行证实，借助典型实例进行证实，向顾客提供成功范例。

（4）促使顾客购买产品。促成交易时要树立“以顾客为中心”的意识，不要强迫顾客接受，避免硬性销售、急于求成的做法。常用促成方法有以下几种。

1）通过提问了解顾客感受。“您对产品的质量还有什么问题吗？”“如果对产品质量没有问题，那么我们讨论交货问题好吗？”

2）通过总结前面的意见和认识来促成交易。“电梯运营最重要的问题就是安全，我们的产品在这方面提供了更好的保障，购买我们的产品确实是一个明智的选择。如果大家对此没有异议，我们讨论交货问题好吗？”

3）将已经介绍过的产品留给顾客试用，促使顾客购买。

总之，不管面对的是什么顾客，营销人员都应当按计划进行灵活销售。准确发现并把握顾客需要，是营销人员成功的重要保证。

3. 在销售洽谈中传递产品信息

成功的营销人员不应单纯地向顾客销售产品，而应将产品功能设置合理作为诱因，设法唤起顾客的消费欲望，促成顾客为满足需要而主动购买产品。要有效地向顾客传递产品信息，必须做到以下几点。

（1）不同产品有不同的使用价值，计算机提高工作效率，保险避免经济损失，汽车可作为代步工具，洗碗机省时省力。营销人员不要拼命强调产品的性能和质量，而应更注重宣传产品的使用价值。

（2）个人总会遇到工作、生活、感情等各方面的问题，组织会遇到资金、效率、成本、管理等问题，营销人员要不失时机地介入个人和组织的活动中，为其排忧解难。例如：单纯推销计算机所能得到的订单屈指可数，而一旦向某学校或者某公司提供解决方案，如建议公司采用合适的管理信息系统，一桩交易就可以销售几十台甚至几百台计算机。

（3）无形产品也要重视宣传使用价值。金融、保险、咨询等无形产品同样具有使用价值，营销人员要注意它们在使用价值上的特点。例如，保险业的营销人员就应当宣传保险给顾客心理和生理上带来的保障。专业的保险业营销人员要根据顾客的个人或家庭情况，判断出他们的风险预期，并规划出理财的重点，再向顾客宣传各险种的使用价值，设计出符合顾客需要的保险计划，并在最后为顾客作出详细的分析与评估。

在激烈的市场竞争中，为提高企业的竞争力，营销人员必须提高服务水平，把顾客的需求放在第一位，时刻为顾客着想。只有这样，才能真正地吸引并维系顾客。

4. 达成协议

（1）利用直接法达成协议。直接法是指营销人员得到顾客的购买信号后，直接提出交易的方法。营销人员使用直接法可以尽量地缩短达成交易的时间，以尽快地签约。其实，直接法并不意味着简单地提出交易，在直接提出交易之前，营销人员往往已经做了大量的铺垫。

直接法并非在每项交易中都适用。营销人员要考虑交易的场合、所销售的产品以及与顾客的关系等各方面因素，综合考虑以后才能决定是否使用直接法来达成协议。即使营销人员确定某个交易适合利用直接法，也不能操之过急，在没有看到顾客的购买信号时就很急切地提出与顾客签订合同，这样往往会导致交易失败。

（2）利用选择法达成协议。选择法是营销人员给顾客提供一些备选的方案，然后引导顾客从备选方案中选择一个的方法。选择法实际上就是让顾客在营销人员提供的方案中进行选择。

（3）利用总结利益法达成协议。总结利益法是营销人员把顾客与自己达成交易所带来的所有实际利益都展示在顾客面前，从而促使顾客最终与自己达成协议的方法。总结利益法有以下三个步骤可以遵循。

1）总结顾客最关心的利益。将顾客关心的事项排序，然后把产品的特点与顾客关心的重点密切地结合起来。

2）总结销售过程中已成功处理过的反对意见，向顾客表明双方达成协议的障碍已经得到了妥善解决。

3）及时建议成交。在双方达成协议的障碍被消除后，营销人员就没有必要再观察顾客的购买信号了，应马上建议顾客成交。

小提示

促成成交的技巧

直接法、选择法和总结利益法都是常用的促成交易的方法。除此之外，一些小的技巧也可以有效地促成交易。

（1）成交的让步。在达成协议时，营销人员不妨做出一些小的让步，让顾客有获胜的感觉。例如在签完单子后可以对顾客在谈判中的表现加以赞扬，或额外地送给顾客一些特定的服务。但是要注意的是，让步必须是有条件的让步，并且让步应该是有一定限度的，既让顾客感觉到让步的存在，又不损害自己的利益。

（2）成交时切忌贪婪。贪婪往往容易造成协议的拖延，拖延可能导致交易的失败。例如有时顾客提出的交易条件已经进入可以成交的范围，但是营销人员却认为再坚持一阵可能会拿到更好的交易条件，这就是贪婪。贪婪的结果往往是谈判失败，前功尽弃。

(3) 不要在妥协以后再起争议。成交以后，营销人员不应再去回顾整个交易过程的艰难，与顾客的交谈要注意语言的严密，避免流露个人情绪，要尽量避免引起不必要的争议。成交之后，假如顾客说："你们也挺不容易的，为了一个订单跑了这么多次。"此时，如果营销人员接了顾客的话题，回忆交易过程的艰难，说："可不是吗！所有的顾客里就你跟我签了单，他们都没签单。"听到这句话，顾客也许会认为是不是你的产品有问题，由此可能又会产生一些争议。

六、签订销售合同

当今社会是法治社会，营销人员再也不能简单地靠"嘴皮子功夫"，而必须具备一定的法律意识和法律知识，签订销售合同就是用法律规范销售行为的一个重要方面。

1. 买卖合同的签署内容

买卖合同是由产品销售者（营销人员）与购买者（顾客）共同商定的，一般来讲，双方签署的合同必须包含以下几项内容。

(1) 双方的姓名和住址、货名、交货数量和质量、价款、包装方式、检验标准和方法等。

(2) 合同履行的期限、地点和方式。

(3) 违约责任。合同的当事人由于自己的过错，没有履行或没有全面履行应承担的义务，按照法律和合同的规定应该承担一定的法律责任。

(4) 解决争议的方法。明确是用仲裁还是诉讼的方法解决争议。

2. 产品销售者应履行的义务

(1) 向购买者提供标的物或者提取标的物的单证。

（2）产品销售者必须按合同规定的期限和地点交付标的物。

（3）产品销售者还应当按照约定或者交易习惯向购买者提供标的物单证之外的有关单证和资料，如专利产品附带的有关专利证明书资料、原产地说明书等。

（4）产品销售者应当按照约定的质量要求交付标的物。

（5）产品销售者应当按照约定的包装方式交付标的物。

3. 购买者应当履行的义务

（1）购买者应当按照约定的时间、地点领取标的物。

（2）收到标的物时，应当在约定的检验期间检验。

（3）购买者应当按照约定时间、地点足额地支付价款。

4. 买卖双方的基本义务和合同的变更

买卖双方的基本义务包括：

（1）通知，当事人应及时通知对方履约情况的变化。

（2）协助，当事人双方要为对方履行合同创造条件，对方有困难时应当在法律规定的范围内给予帮助，发现问题要及时协商。

（3）保密，当事人获知对方商业、技术、经营等秘密信息，应当主动保密，不得泄露或非法使用。

合同依法签订后，对当事人均有法律约束力，任何一方不得擅自变更，但双方当事人在协商一致等情况下可以对合同的内容进行变更。变更合同也必须明确内容，不能模糊不清。若有规定，合同变更应到原批准或登记机构办理手续，否则变更无效。

《中华人民共和国合同法》的相关内容是一个优秀的营销人员应该学习并掌握的，这样当顾客提出一些专业的法律问题时，营销人员才能够及时应对并尽力维护企业的利益。

模块三　做好售后工作

营销人员销售产品后要做好售后工作，具体如下。

一、销售后的自我反省

1. 对销售流程进行反省

对销售流程的反省就是营销人员根据销售活动的步骤回顾自己是如何对待顾客的，回顾自己是否帮助他们尽快得到了他们所需要的一切。

（1）反省自己销售前的行为。反省自己是否了解并理解了销售的意义。应该想象顾客获得他们想要的东西后良好的感受，自己也从中得到快乐。反省自己是否认真研究了销售产品的特性和优点，是否找到了产品的卖点。应该想象所销售的产品的优点确实能够帮助顾客，满足他们的需求。

（2）反省自己销售过程中的行为。反省自己是否以顾客喜欢的购买方式进行销售；是否关注顾客“已有”和“需要”两方面的问题；是否找到了顾客的潜在需求；在提供产品、服务和建议给顾客时，是否诚心诚意地为顾客着想；是否相信当顾客获得最大利益而付出最小风险时，销售便能够获得成功。

（3）反省自己销售后的行为。反省自己是否经常与顾客保持联系，以确保他们对所购产品真正感到满意；是否对顾客问题及时给予解决，以此加强购买双方的联系；当顾客对购买的产品有好感时，是否让他推荐别的顾客。

2. 对自身的销售行为进行自我反省

（1）自己是否确定了明确的目标。营销人员应该用短短的几行字把自己的目标写在一张纸上，并把它们作为自己的行动准则和前进的助推器，每天都要花一些时间对这些目标反复诵读，认真对照。

（2）自己是否具有足够的自信。营销人员应经常对自己的销售工作进行肯定；抓紧时间，集中精力去做正确的事；用自己完成的工作及自己的良好感受激励自己，并享受其中的乐趣；花一点时间去回味一下自己对所做工作的良好感受，鼓励自己以后还要这样坚持下去。

（3）是否在纵容自己的错误。营销人员要对自己在销售中的不合适行为进行自我批评，明确告诉自己哪些事做得不妥；认真体会成功或失败的销售给自己带来的幸福和痛苦的感觉；牢记自己已不是过去的“我”了；相信自己是有价值、有能力的人，能凭借自身实力做出成绩；抛弃那些违背自己原则的行为，回到符合原则的行为上来。

总之，销售是一个系统工程。从营销人员入行之日起，他的一言一行都影响着他的工作。为了给下一次销售打好基础，以上方法都是应该铭记在心并坚持的。

二、对顾客进行售后服务

销售前的奉承，不如销售后的周到服务，这是创造永久顾客的法宝之一。营销人员要从顾客的角度考虑产品使用中的一切问题，切忌撒手不管，增进与顾客的关系，开展全面合作，实现双赢。

1. 充分理解售后服务的重要性

售后服务是顾客权利的一部分。顾客为产品或服务支付了费用，就应该得到完善的服务。

售后服务是建立信任关系的基础。如果顾客从这次购买和售后服务中获益，他们通常会再次购买或向他人宣传自己购买的产品，而且会把其他竞争者拒之门外，进行重复购买。

2. 为老顾客服务

老顾客是销售中的主要订单来源。为此营销人员要做好以下几项工作。

（1）尽快缩短订货周期，按照顾客要求和方便的物流运输渠道及时发货，切实按照买卖合同条款履行义务。

（2）帮助顾客做好开箱验收工作，给顾客提供完整的产品安装调试及培训操作等一条龙服务，使顾客正确使用产品。

（3）对顾客在使用过程中发出的求助信号及时回应，并妥善解决。

（4）做到防患于未然，不要等顾客提出问题或纠纷出现时才有所行动。

（5）密切监测顾客在需求数量、型号、规格等方面的变化，提前做好应变措施，防止顾客流失。

（6）提供优良服务的同时，要通过时间、服务、感情等“投资”巩固关系，防止竞争者入侵，同时尽量扩大交易额。

3. 对中间商进行服务

中间商包括批发商、零售商、经销商、代理商等，销售人员要针对其特点提供以下几项服务。

（1）帮助中间商提高售货水平，经常向他们提供建议和办法。

（2）加强与中间商的合作。对其进行产品知识、销售技能方面的培训，联合进行促销宣传，如张贴广告、发放样品或产品目录等。

（3）保证买卖合同的执行。由于主客观情况的变化，任何一个环节的延误都可能导致中间商的不满，进而影响进一步的合作，营销人员要能预测问题，及时协调和解决问题。

（4）加强与中间商的沟通。营销人员要将中间商反映的顾客的需求信息及时反馈给产品研发设计部门，使企业真正做到根据顾客需求来开发产品，从根本上解决销售难的问题。

总之，售后服务是一个系统工程，需要调动各方面的力量。营销人员虽不必事必躬亲，但也要起到润滑剂的作用，促进公司售后服务工作的顺利开展。

三、正确处理顾客的抱怨

销售过程中，不管顾客的态度如何，营销人员千万不要发火，其一举一动都直接影响着企业总体的销售状况。处理抱怨的原则主要有四个。

1. 把它当作一件好事

顾客抱怨时，应该把它看成“好机会”，既不要怕它，也不要讨厌它。因为顾客之所以向营销人员提出抱怨，是认为“我提出抱怨必能促使出售商品的公司获得各种改善”。这表示顾客是依赖营销人员的，营销人员当然要欣然接受。事实上，如把抱怨处理得好，顾客对营销人员的依赖感只会增多，不会减少。这就叫作转祸为福。顾客有了好印象后，必定逢人便说，这在无形中为产品做了有力的免费宣传。

2. 要有处理抱怨的流程体系

处理抱怨应该是一套固定的流程，以防止事态扩大，造成不可收拾的局面。营销人员切莫一意孤行，处理之前必须与有关部门和人员协商提出办法，密切配合，否则容易造成混乱，不利于问题的解决。

3. 先化解顾客的愤怒

诚心诚意地道歉是处理抱怨时首先要做的事。在顾客怒气宣泄之后，营销人员再迅速整理他抱怨的重点，并且予以确认，最后探究原因，做适当的处理。

顾客抱怨的原因，不外乎以下几种。

（1）公司的错误（例如商品有缺陷）。

（2）营销人员说明不充分。

（3）顾客的错误（例如操作顺序有误）。

（4）顾客的误解（例如理解错了营销人员的说明）。

（5）发生意外事故（例如运送途中的事故）。

不管原因如何，营销人员要诚心诚意地予以解释，切莫流于形式，或是辩解。抱怨只要处理得当，反而会获得顾客的支持。

4. 处理的速度要快

立刻处理，这是化解抱怨带来纠纷的利器。例如，如果发生抱怨的原因是商品的缺陷，营销人员却对顾客说："由于周末下午不上班，紧接着又是星期天，所以，我们在下星期一中午以前再把新货送到您家里。”如果你是顾客，将做何感想？你一定会想：“还要拖到星期一？只考虑到自己的情况，一点也不为顾客着想。这种公司的商品，以后还买才怪呢！”要是营销人员在当天就把新货送到顾客家里，效果可就大不相同了。

模块四　经典推销法

多年来，营销人员提炼、总结出不少营销技巧，这里就挑选几种比较经典的方法进行介绍。

一、“威逼利诱”式成交法

“威逼利诱”式成交法在营销活动中被采用最多，尤其是在广告和营销人员现场解说中经常被用到。这种方法的要点是，在讲述购买商品或者服务的好处和会对顾客产生的最大利益的同时，说出如果不购买会对顾客有什么坏处，并且对坏处进行强调。

有一则幽默故事最能说明这个道理。

亨曼先生被派到美国新兵培训中心推广军人保险，听他演讲的新兵100%都自愿购买了保险。从来没人能达到这么高的成功率，培训主任想知道他的推销之道，于是悄悄来到课堂，听他对新兵讲些什么。

“小伙子们，我要向你们解释军人保险带来的保障”，亨曼说，

“假如发生战争，你不幸阵亡了，而你生前买了军人保险的话，政府将会给你的家属赔偿20万美元。但如果你没有买保险，政府只会支付6 000美元的抚恤金……”

“这有什么用，多少钱都换不回我的命。”下面有个新兵沮丧地说。

“你错了”，亨曼和颜悦色地说，“想想看，一旦发生战争，政府会先派哪一种士兵上战场？买了保险的还是没有买保险的？”

二、独特卖点式推销法

如今，很多产品的价位和性能都差不多，让消费者觉得买哪一家都无所谓，这就给营销人员提出了一个难题：如何让消费者下定决心买我的产品，而不是竞争对手的产品。

强调产品的独特卖点被证明是非常有效的手法。而且有些时候，产品的独特卖点还能掩盖产品某些方面的不足。

比如，美国有个小贩在推销墨西哥香蕉时，使用了很多方法都不奏效，香蕉眼看就要烂掉。这时他想出了一个主意，在堆积如山的香蕉旁竖了一个广告牌，上面写着：“味道独特的香蕉，有火山的味道！吃了实在难忘！”

他不提香蕉的产地在哪里，很快，消费者就排起了长队，他们很想尝尝火山味道的香蕉。

台湾有家礼品公司，将河边收集的鹅卵石装在小巧的瓶子里，再配上精美的包装，美其名曰“情侣石”。很快，喜欢浪漫的少男少女就将这一产品变为时尚。

美国果品公司也是此中高手。美国西北部地区出产的苹果，表皮上长满了斑点，这种长相很难打动消费者。美国果品公司却把缺点变成了卖点，它们大力宣传西北苹果的优点：西北苹果在西北部生长，风沙和温差剧烈的环境让这些可爱的苹果糖分很足，香甜可口。它们的特征之一，就是它们可爱的长满斑点的表皮。美国家庭很快涌向超市，寻找那些“表皮上长满了可爱斑点的苹果”，整篮整篮采购。

三、分解费用式推销法

分解费用式推销法运用得当的前提是：人们能够毫不犹豫地做出支付小额费用的决定，但对于大额费用却迟迟拿不定主意。要实施这种技巧，营销人员可以将费用逐项分解、缩小，以便使顾客感到有能力支付或可以接受。

例如，一位人寿保险代理说：“在这张申请表上签名之后，你就必须在未来25年中，每月支付400元的保险费。”

试想一下，顾客又怎能不考虑考虑呢？

为了让顾客更容易地作出决定，代理人可以提出下面的问题：

“您希望用哪一种方式付款，每月，每季度，还是每年？”

“我用您的住址开发票可以吗？”

“请问您的太太姓什么？您真想让她成为您的受益人吗？”

因为这一类小的决定并不复杂，所以顾客会感到很容易下决心。当回答完所有的问题后，顾客就能毫不为难地做出购买决定，绝大多数人都有能力做出大量的小的决定，但是一旦要求他们做出重大的决定，哪怕只有一个决定，他们也会犹豫不决。营销人员在工作时要注意减轻顾客决策的负担。

四、三种选择式成交法

营销人员发现给顾客提供的选择越多，顾客越不容易下定决心。所以很多时候，营销人员要事先进行筛选，帮助顾客缩小选择范围。一般来说，营销人员给顾客提供的选择以三个为宜。

譬如，珠宝商可能有几十枚钻戒想拿给顾客挑选，但在客情调查之后，他搞清了顾客想要的款式、色泽及价格幅度，所以他实际给顾客看的只有三枚钻戒。

同样，一位共同基金营销人员在摸清情况后可以说："这些项目都是按月投资的，我这儿有三份计划，投资额分别是200元、300元和400元。您认为哪一种最合适您呢？"遇到这种情况，大约有一半的人会选择居中的一项，因为他们会认为选最低数额有掉价之感，而选最高数额又有露富之嫌。在剩下的一半人中，大概各有一半人会选择最低或最高项。当顾客问"大多数人一般都选哪一项？"时表示顾客正在谨慎思考。成熟的营销人员常常会这样回答："我建议您选中间的一项，这是较普遍的做法。"这样说的时候，实际上已经替顾客拿定了主意。

有一点需要强调的是，营销人员需要对顾客的情况进行充分的了解，对顾客的偏好进行充分的分析，并在推销之前做好充分的方案准备。

五、妥协式成交法

如果除价格外所有异议都已经解决了，而顾客仍然不肯购买，营销人员可以做一些妥协和让步。看看下面这个例子。

某公司的广告推销员说："陈总，我知道你的广告预算很紧张，那我建议你这次不必买半页版面，先做1/3版的广告怎么样？"（他可以视情况一直降下去，比如1/4版或1/8版。）

保险代理人说："小徐，我了解你的意思，这次不准备买下100万元的保险。但你确实同意很有必要再追加投保额。这种事不能一拖再拖了。我建议你等到资金宽裕之后再做最高额投保。现在只需签一个小一些的协议，70万元怎么样？"

运用这种成交技巧，就是要懂得"有一点总比没有好"的道理。更重要的是，一旦营销人员赢得了第一次，就打开了成功的大门。

六、直接请求式推销法

这是吉拉德最常采用的方法，请看吉拉德的心得和经验介绍：

"要是和一位难以对付的顾客长时间谈判，我用尽了所有别的途径都不能推销成功的话，我会对顾客说：'瞧，杰里，我必须得说实话，我需要你的生意。'你会对这种直接请求式的成交法居然能起作用感到大吃一惊！

要是这样仍然无法打动顾客的话，我会说：'我必须怎么做才能得到你的生意？'然后我以惯用的手法询问顾客是不是想让我跪下来求他。但对于你们中的一些人来说，可能会对跪下做推销感到不舒服。

我能够理解为什么他们如此受抑制而不能这么做。

你绝不应该过分骄傲，以至于让顾客认识不到你是多么需要和感谢他们的生意合作。"

营销人员做推销的目的就是去解决问题。但是生意未能成交的话，实际上又出现了另一个问题。在这种情况下，营销人员可以针对未能成交这个问题，对顾客说："刘总，难道你不觉得在刚过去的一个钟头有什么不对劲吗？我来到你的办公室，我们的谈话是因为你的一个问题而开始的。现在，你又弄出另一个问题，只因为你想摆脱我，不买我的货。其实你只需要说一句'送客'就可解决第二个问题，而我就得抬腿走人。可是你的第一个问题还是没有得到解决，不是吗？所以我希望我们再多花几分钟，看看能不能把第一个问题也处理掉。"

七、骑虎难下式成交法

吉拉德曾经很多次把这种技巧运用到那些丈夫和妻子、父母和孩子的身上。当一名家庭成员为他或她所爱的人购买汽车时，例如，一位父亲带着女儿走进经销店，父亲打算买一辆新车送给女儿作大学毕业礼物，在推销的某个关键时刻，吉拉德设法使那位父亲处于一种骑虎难下的状态——不买车的话，他会感到很尴尬。

"'你知道吗？苏珊，'我说，'你真是一位幸运的小姐。'

'这话怎样讲？吉拉德先生。'

'因为你有一位值得骄傲的父亲。'我用一种柔和而夸张的语气说。'在我年轻的时候，我真希望也有一位这样的父亲。我想你应该感谢你父亲为你买了这么一辆漂亮的车。'

'是的，我很感激。'要是这样都无法让那位父亲动心的话，我真不知道该怎么办了。事实上，我看见过一些铁石心肠的父亲也会在这种情形下激动得双眼含泪。但是，我这样说的时候，心里确实是真诚的，我也确实希望我的父亲能够以这样慷慨的方式表示对我的疼爱，而且，我也确实钦佩那些如此善待子女的父亲们。"

八、使用见证式成交法

这种成交技巧出现的理论依据是，在这个世界上，追随者总是要比带头者多得多。因此，有些顾客只有在知道有名望的人已经买过之后，他们才肯出钱购买。

某培训机构很善于利用这种技巧来说服潜在消费者，他们会列出一长串比较有名望的顾客的名单，比如在一次推销中，一名业务员列出了下列名单：

国泰航空有限公司

和记黄埔地产集团

亚洲电视股份有限公司

润讯通讯（香港）有限公司

华比富通银行

美国友邦保险（百慕大）有限公司

香港科技大学

TCL 计算机科技有限公司

康佳集团股份有限公司

……

这一长串顾客的名单有三页纸之多，这足以让人相信这家机构的实力了。他们对见证式成交法的使用，还包括顾客推荐信与表扬（感谢）信，其中一封信如下。

感谢信

××人力技术有限公司：

我公司在经历重大人事变动与医药行业改革的情况下，急需建立一支团结、积极、进取的员工队伍，此时有幸得到贵司的大力支持。从 2017 年 5 月开始，为我公司 34 名员工进行了“同心同力创辉煌”与“教练力量”工作坊培训，并派出专业教练李皓先生进行了 3 个月的专业教练服务。经过一系列的培训学习，有效加强了员工的团队精神，在员工之间建立起了有效的沟通，大大提高了员工的积极性与责任感，在公司内部形成了一种积极向上的企业文化。公司的业绩持续增长，到 2017 年 11 月底，单月业绩比培训前增长了 43%，并且提前完成了公司全年的指标。

在此特别感谢李皓教练与梁振邦、张明两位导师，由于你们的付出，改变了我们公司，也改变了我们的生活。今后我们将会继续学习与应用教练技术，使我们公司迈向更高的目标。

（企业签章）

2018 年 1 月 15 日

在营销活动中给顾客看这一类信件，尤其是对公司和优质服务大加赞赏的信件，常常能收到很好的促销效果。但是，有时候营销人员得去请求顾客才能获得这些信，因为就算顾客对产品或服务感到满意，对营销人员评价也高，但很少有人会主动写出来。实际上，吉拉德就保存着一大沓顾客来信以便说服别的顾客，其中一些是顾客自愿写的，另一些则是在他的请求下写的。比如，当一位顾客说：“乔，从来没有哪位推销员像你一样忠诚地对待我。”他会趁机说：“谢谢！您能帮我一个忙吗？要是您愿意把它写下来，我会感激不尽。”

九、机会难得式成交法

人们都想得到那些不大容易得到的东西。如果钻石与鹅卵石毫无区别，人们也就用不着劳神费力去把它们从地下开采出来。

来之不易的东西具有诱惑力，是因为它们并非人人都能拥有。

人类的这种本性就是机会难得式成交法产生的基础。运用这种技巧时，营销人员不会问："您想买吗？"相反，他会问顾客有没有条件、够不够资格买。一旦处理得当，顾客就会忘记自己在做出一个本可不做的购买决定——他们的脑子里塞满了能否买得起、是否有资格买的问题！

为了更清楚地了解这种技巧是如何起作用的，请看下面几个例子。

保险代理人说："弗雷德，我坦率地告诉你，你的健康状况令人担忧。我有一些建议能让你有资格买下这份保险。现在，请你在这儿签字，以便我的公司获准与你的医生联系，我会预约一个时间让你做健康检查。"这种成交技巧起作用，是因为每一名保险代理人都懂得一些人想尽量拿到人寿保险，尤其是当他们健康状况不佳时，更想得到可能得不到的东西。

汽车推销员说："汤姆，我认为你应当考虑一下那款稍便宜的车型，我想你不可能买最新款的车。"在这里，顾客受到挑战，偏要证明一下自己买得起较昂贵的新款汽车。

家具厂代表说："我公司在本市只需要一家经销商。坦率地说，老马，我们想跟那种实力雄厚、信誉良好的经销商合作。我不敢确定你是否合适。"这时顾客会受到挑战，急于想证明自己有能力和资格与该公司合作。

房地产代理人说：“这套房子对您来说可能大了点，也许我应该带您到别的地方看看面积小一些的住宅，那样也许您会更满意一点。”这里，代理人向顾客微妙地提出挑战，使顾客想要保住自己的面子。

在上面的每一个例子中，营销人员的策略都是“迫使”顾客证明自己有资格和能力成为买主。这种技巧之所以起作用，是因为营销人员激发了顾客的占有欲和自私心理。人们想得到那些别人不大容易得到的东西，而且他们希望被人接受、被人看重。

十、以暗济明式推销法

抓鸡首先要往地上撒把米，但“撒米”的学问很大，若大张旗鼓地“撒”，倒容易引起人们的怀疑。而有的营销人员“米”撒得很高明，是以明带暗、明暗相济。

美国促销奇才哈利15岁在马戏团打工时，就非常懂得做生意的要诀，善于吸引顾客。有一次他在马戏团售票处，使出浑身的力气大叫：“来！来！来看马戏的人，我们赠送一包顶好吃的花生米。”观众立刻被吸引，涌向马戏团。这些观众边吃边看，一会就觉得口干，这时哈利又适时叫卖柠檬水和各种饮料。以饮料的收入去弥补送花生米的损失，收益甚丰。

好的营销技巧能够让营销过程事半功倍。其实销售和谈恋爱的原理是一样的，要有足够的耐心，应该多为对方（顾客）着想，满足对方的需求，让对方对自己产生好感。这样，销售就成功了。

参 考 文 献

[1] 毕思勇. 生态文明背景下的企业绿色营销战略研究 [D]. 青岛：中国海洋大学，2011.

[2] 孔炯炯，潘辉，万超. 外贸网络营销 [M]. 上海：复旦大学出版社，2015.

[3] 李润发，苏慧杰，杨梅. 国际市场营销理论与实务 [M]. 北京：北京理工大学出版社，2013.

[4] 刘伟. 华为公司国际化探析 [J]. 现代商贸工业，2013 (20).

[5] 苏慧杰，李春芝. 市场营销实务 [M]. 北京：北京理工大学出版社，2012.

[6] 仝德记. 超级营销术 [M]. 北京：人民邮电出版社，2013.

[7] 张丽莲，彭雷清. 市场营销学 [M]. 成都：西南财经大学出版社，2011.